Bernd Mette
Wir waren wie Träumende

Bernd Mette

Wir waren wie Träumende ...

Drogenreha Wiedenhof –
Geschichten, Grundsätze, Einblicke

1. Auflage 2007

Umschlaggestaltung: Thomas Tetzlaff
Bilder: Wiedenhof, privat
Satz/DTP: Jens Wirth/ASAPH
Druck: Schönbach-Druck, D-Erzhausen

Printed in the EC

ISBN 978-3-935703-96-3
Best.-Nr. 147396

Inhalt

Danke, ...

... *Susanne*, dass Du mitgegangen bist in allen Höhen und Tiefen und dass Du Dein Herz in unseren Auftrag investiert hast.

... *Walter und Irene Heidenreich*, dass Ihr seit Jahrzehnten die Gemeinschaft der FCJG leitet durch Euer Vorbild. Ihr habt uns mitgenommen auf eine spannende Reise, die noch nicht zu Ende ist.

... *liebe Mitarbeiter* in Reha und FCJG, für Eure loyale Hingabe und Freundschaft.

... *liebe Kreuzkirchen-Gemeinde,* für Eure tolerante Liebe, für die enorme Stärkung im gemeinsamen Bibelabend und Gottesdienst seit 30 Jahren.

... *liebe ACL-Gemeinschaft,* für das gegenseitige Ermutigen und Mittragen in über 28 Jahren gemeinsamer ACL-Tagungen.

... *Désirée Fuhrmann und Oliver Kabus,* für die vielen Stunden, die Ihr an diesem Buch gearbeitet habt.

Bernd Mette

Zu diesem Buch

„Wenn der Herr die Gefangenen Zions erlösen wird, so werden wir sein wie die Träumenden. Dann wird unser Mund voll Lachens und unsre Zunge voll Rühmens sein. Dann wird man sagen unter den Heiden: Der Herr hat Großes an ihnen getan! Der Herr hat Großes an uns getan; des sind wir fröhlich. Herr, bringe zurück unsre Gefangenen, wie du die Bäche wiederbringst im Südland. Die mit Tränen säen, werden mit Freuden ernten. Sie gehen hin und weinen und streuen ihren Samen und kommen mit Freuden und bringen ihre Garben.“ – Psalm 126

Dieser Psalm beschreibt, was wir seit über dreißig Jahren im Haus Wiedenhof erleben: Wenn Jesus uns aus der Gefangenschaft von Drogen, Verzweiflung und Hoffnungslosigkeit befreit, dann sind wir wie die Träumenden. Nicht mehr gefangen in unseren Drogenträumen, sondern erlöst, froh, befreit! Wir können wieder lachen und fröhlich sein. Und wir finden einen Sinn: die Ernte sammeln, d. h. anderen aus der Gefangenschaft heraushelfen.

Ganz bewusst haben wir in diesem Buch nur eine kleine Auswahl aus den zahlreichen Lebensgeschichten von dreißig Jahren Wiedenhof zusammengestellt. Dafür berichten diese acht Leute umso ausführlicher aus ihrem Leben. Sehr ehrlich geben sie Einblick in ihre z. T. langjährige Sucht- und Kriminalitätsgeschichte, erzählen von dem Wendepunkt und ihrem weiteren Werdegang.

Es werden Ausdrücke benutzt, die in der Drogen- und Straßensprache geläufig sind. Diese haben wir im Anhang gesammelt, um sie auch den Lesern zu erklären, die mit der Drogenszene und dem Jargon nicht vertraut sind.

Die Geschichten richten sich besonders an Betroffene. Was ermutigt mehr, als jemanden vor Augen zu haben, der das „Unmögliche“ geschafft hat?

Doch dieses Buch ist auch für jeden, dem die Entwicklungen in der Gesellschaft nicht gleichgültig sind. Es zeigt, dass selbst angesichts einer von Substitution und Resignation gekennzeichneten Drogenpolitik echte dauerhafte Freiheit möglich ist. Es richtet sich an Menschen, die den Wunsch haben zu helfen.

Die geistlichen Hintergründe und Zusammenhänge können für jeden Christen von Nutzen sein, der in der Nachfolge wachsen und vorwärtsgehen möchte.

Und natürlich ist es auch für all die, die wie wir staunen und sich freuen über das, was Gott aus einem völlig zerbrochenen Leben machen kann.

Zur Freiheit hat uns Christus befreit!

Als ich vor einigen Monaten mit Paul Maurer, dem Leiter unserer Drogenreha in Wien, vom christlichen Fernsehen in Österreich interviewt wurde, fragte der Moderator, welche Süchte es außer der Drogensucht noch so gebe. Paul zählte auf: Alkoholsucht, Spielsucht, Fresssucht, Medikamentenabhängigkeit usw. Nach einer ewig langen Liste bat mich der Moderator, via TV für die Menschen zu beten, die von diesen Nöten betroffen sind. „Es dauert viel zu lange, alles einzeln im Gebet zu benennen", schoss es mir durch den Kopf, und so betete ich um Heilung für die Wurzel bzw. das Hauptproblem aller Süchte: die Selbstsucht.

Genau darum ist Jesus Christus vor zweitausend Jahren am Kreuz von Golgatha gestorben. Er hat sein Leben für alle Menschen gegeben und sie dadurch mit Gott, dem Vater, versöhnt. Nach drei Tagen ist er aber auch wieder auferstanden, und diese Auferstehungskraft Jesu ist die einzige Kraft im ganzen Universum, die wirklich befreit …

Das haben viele ehemals gebundene Menschen im Haus Wiedenhof und durch die verschiedenen Dienste der FCJG in Lüdenscheid und den Nationen erlebt. Jesus lebt und er ist heute noch genauso erfahrbar! Darum brauchen wir uns nicht mit Sucht und dem daraus resultierenden, verheerenden Lebensstil abzufinden und abzumühen. Jesus macht frei! Nur er kann unser inneres Vakuum durch seine Liebe ausfüllen, wenn es Heroin, Alkohol oder sonstige Betäubungsmittel nicht mehr können und auch nicht mehr sollen.

Mögen die Lebensberichte in diesem Buch dazu beitragen, dass neue Hoffnung, neue Träume und neuer Lebensmut da erwachsen, wo alle aufgegeben haben. Jede Lebenskrise ist eine neue Chance, noch mal von vorne anzufangen. Mit Gottes Hilfe und der Hilfe guter Freunde ist dies immer möglich, und solange wir auf dieser Erde leben, bleibt diese Hoffnung bestehen.

Wer Jesus als Befreier erlebt, erlebt auch, dass sein Leben ein Ziel und einen neuen Sinn bekommt. Der eigentliche Plan Gottes ist nicht nur die Befreiung von Bindungen und Schuld und Errettung aus Finsternis, sondern Befreiung zu einem glücklichen Leben mit dem Ziel, andere glücklich zu machen. Also: weg von der großen Bindung – der Selbstsucht –, hin zu einem Leben, das sich an Menschen in Not verschenkt. Das ist der Kern des Evangeliums: „Zur Freiheit hat uns Christus befreit!" (Galater 5,1a).

Walter Heidenreich

Bernd Mette

Selbstmord gescheitert – Leben gelungen

Es war an einem Abend 1972. Ich saß mit zwei Freunden im Rosengarten in Lüdenscheid – dem Ort, wo sich die Drogenleute trafen. Seit über einem Jahr spritzten wir Heroin, aber für heute war unser Bedarf gedeckt. Eine Frau aus Berlin verkaufte seit Kurzem „Berliner Tinke", eine Opium-Tinktur. Jetzt steuerte sie auf uns zu. Wo es ein billiges Hotel gebe, wollte sie wissen. Am nächsten Tag wolle sie nach Berlin zurück. Wir dachten an das Hospiz am Bahnhof und Jochen meinte: „Komm mit, wir bringen dich hin." Wir stiegen ins Auto, ließen sie am Hospiz Wiedenhof raus und sahen noch zu, wie sie das Haus betrat. Am nächsten Tag verbreitete sich die Nachricht wie ein Lauffeuer: Im Wiedenhof war in der vergangenen Nacht eine fremde Frau an einer Überdosis gestorben – Lüdenscheids erste Drogentote! Die ganze Stadt war geschockt, am meisten wir, die wir sie dorthin gefahren hatten. Noch im gleichen Jahr landete ich zum ersten Mal im Gefängnis, mein Freund Jochen starb später an Aids.

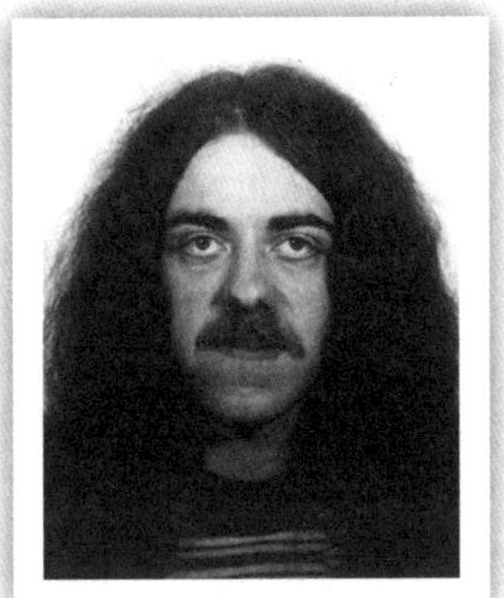

Bernd Anfang der 70er

Etwa fünf Jahre später hörte ich die Geschichte aus einer anderen Perspektive: An einem Dienstagabend 1972 feierten die Pastoren Woyke und Deitenbeck von der evangelischen Kreuzkirchengemeinde im Saal des Wiedenhofs, wo seit Jahren dienstags ein Bibelabend stattfand, Geburtstag. Plötzlich stürzte ein Kellner mit schreckensbleichem Gesicht herein und berichtete, dass in einem der Zimmer soeben eine Tote gefunden worden war – eine Überdosis Drogen, wie die Spritze neben ihr vermuten ließ. Sofort unterbrachen die Pastoren die Feier, um mit der gesamten Gesellschaft für die abhängigen jungen Leute in der Stadt zu beten: dass Gott sie rettet und aus dem Elend herausreißt. Offensichtlich wurden diese Gebete erhört, denn in den nächsten drei Jahren begannen plötzlich viele Leute aus dem Drogenmilieu in der Bibel zu lesen und ihr Leben zu ändern.

Ich war inzwischen in die völlige Verzweiflung abgerutscht. Auf der Suche nach Freiheit und Selbstverwirklichung war ich schon vor Jahren aus der Gesellschaft, die mir nur egoistisch und lieblos erschien, ausgebrochen. Ich rauchte Haschisch und schmiss LSD-Trips. Die Basis für ein „normales" Leben zerbröckelte mehr und mehr: Ich zog von zu Hause aus, brach die Schule einen Monat vor dem Abitur ab und lebte vom Rauschgifthandel.

Susanne und Bernd bei einer ihrer Motorradtouren

Dann begann ich Opium und Morphium zu spritzen, später Heroin. Der Schuss tötete in mir jedes Fragen nach dem „Wohin". Gleichzeitig fühlte ich mich unheimlich stark und souverän in der Rolle des unverstandenen Außenseiters. Doch die Gefängnis- und Krankenhausaufenthalte häuften sich; aus der vermeintlichen Freiheit war Versklavung an die Droge geworden. Sämtliche Versuche, aufzuhören, scheiterten, die Verzweiflung und die Angst wurden immer größer. Alkohol und Tabletten mussten her, und fast jeder Tag endete mit einer Totalbetäubung.

Inzwischen suchte ich die Schuld schon bei mir selbst statt in der Gesellschaft oder in meiner Umgebung. Weder Ärzte noch Psychologen, weder Entziehungskur noch autogenes Training konnten mir helfen, denn sobald ich keine harten Drogen nahm, wurde die Leere in mir ausgefüllt von quälender Angst und Depressionen. Zwölf meiner Kumpels aus der Drogenszene waren schon gestorben – Überdosis oder Leberzirrhose. Der Tod schien mir die einzige Erlösung.

„Ein als stark drogenabhängig bekannter 22-Jähriger aus Lüdenscheid verübte 1974 zwei Selbstmordversuche ... Als Motiv gab er seine nach Entziehungskuren nicht beseitigte Drogensucht an" – so schrieben sie über mich im Jahresbericht zur Lüdenscheider Rauschgiftszene in der Lokalpresse.

Meine Selbstmordversuche – gescheitert. Einmal hatte ich mir zwanzig Kubikzentimeter Luft in die Venen gespritzt. Und überlebt!

Und nun tauchten plötzlich überall diese Leute auf, die kurz vorher noch auf Droge gewesen waren. Sie standen auf den Plätzen der Stadt und erzählten von ihrem Glauben an Jesus. Fertig, wie ich war, ließ ich mich von ihnen überreden, in eine christliche Kommune in der Nähe von Osnabrück zu ziehen, um von den harten Drogen wegzukommen. Dort überschlugen sich die Ereignisse: Ich erlebte einen komplett schmerzfreien Entzug, gab bei einer Evangelisation Jesus mein Leben und ließ mich taufen – alles innerhalb einer Woche. Das Evangelium in seiner wunderbaren Kraft schloss sich mir auf: Jesus war meinen Tod gestorben – ich durfte leben! Er hatte meine Krankheit und Strafe auf sich geladen. Ich bekannte Jesus meine Sünden und wurde fast augenblicklich frei von Angst, Verzweiflung und Depressionen. Zwei Jahre litt ich schon an einer chronisch aggressiven Hepatitis. Doch drei Wochen nach meiner Bekehrung stellte der Arzt fest, dass meine Leber gesund war. Ich war erlöst von der Macht des Rauschgifts, der Angst und Trostlosigkeit, und eine große und tiefe Freude erfüllte mich. Seitdem habe ich nie wieder Drogen oder Ähnliches genommen. Jesus hat mich geheilt und frei gemacht – so, wie es in der Bibel steht. Statt des Verlangens nach Drogen spürte ich nun eine große Begeisterung, allen zu erzählen, was Jesus an mir getan hatte.

1976 begann die Drogenreha im Wiedenhof, und als ich gefragt wurde, ob ich mitmachen wollte, spürte ich: Das ist Gottes Ruf an mich, wie bei Petrus. Erst fragt Jesus ihn: „Hast du mich lieb?", danach bekommt er den Auftrag: „Weide meine Schafe!" (Johannes 21,15). So verstehe ich meine Aufgabe, für die ich mit meiner Frau und einem Team von Mitarbeitern seit über dreißig Jahren lebe.

Über das „Haus Wiedenhof“

Meine Geschichte ist kein Einzelfall. Mitte der 70er-Jahre kamen viele Hippies, Freaks und Drogenabhängige zum Glauben an Jesus Christus. Der Ausstieg aus der Bürgerlichkeit und die Suche nach Lebenssinn und Identität hat viele in den Drogenkonsum geführt, begleitet von Kriminalität und Verelendung. Jesus kennenzulernen war wunderbar! Wir wurden frei von Sucht, Verzweiflung und Rebellion gegen Gott und Gesellschaft. Und wir hatten ein unbändiges Verlangen, unseren sterbenden Freunden von Jesus, unserem Erlöser, zu erzählen. Wir missionierten in den Diskotheken und auf den Straßen und Plätzen, wo sich die Menschen trafen. Jesus sagt: „Geht hin und predigt das Evangelium. Wer glaubt und getauft wird, wird selig.“ Das hat uns immer wieder angetrieben.

Das „Haus Wiedenhof“

Wir wussten aber auch, dass die Menschen mehr brauchten als unser Wort. Sie brauchten Kleidung, eine Dusche, ein Dach, ein Bett. 1976 zogen wir in das ehemalige Hotel Wiedenhof, nachdem wir ungefähr ein Jahr lang für ein Haus gebetet hatten. Wir waren fasziniert von dem Lebensstil der ersten Christen, die alles miteinander geteilt und so mit großer Kraft Jesus bezeugt hatten (Apostelgeschichte 4,32.33).

Auch in Psalm 133 lasen wir etwas über die Kraft und den Segen des Miteinanders: Wenn Brüder einträchtig beieinander wohnen, bedeutet das Leben und Segen. Das war und blieb unser Grundkonzept: kaputte Menschen in eine Segensstätte einzuladen. Unter dem Wort Gottes und gelebter Einheit und Liebe können sie hier Geborgenheit erleben und Vertrauen zu Gott gewinnen.

Bald waren die ersten zehn Plätze belegt und wir teilten unser Leben mit den Süchtigen, die in unser Haus kamen. Damals wie heute beginnen wir den Tag gemeinsam vor Gott mit Lobpreis, Zeugnissen, Hören auf sein Wort und Beten füreinander. Danach gehen wir in verschiedene Arbeitsbereiche: Wir restaurieren Möbel, haben eine Kreativ-Werkstatt, einen Secondhand-Laden usw. Ein neuer Geist bringt auch eine neue Einstellung und Motivation zur Arbeit, zum Engagement und zum Dienen. Durch das gemeinsame Leben und Arbeiten wollen wir biblische Werte wie Verlässlichkeit, Fleiß, Durchhaltevermögen, Stressbewältigung, Alltagstauglichkeit trainieren. So wird das Fundament gelegt für eine Wiedereingliederung in Familie und Gesellschaft. Etwa zehn bis zwölf Mitarbeiter begleiten unsere Reha-Gäste durch den Tag. Dabei gilt es, die Arbeit anzuleiten, aber gleichzeitig auch den Blick für den Gast zu haben: Wie geht es ihm? Braucht er mal mein Ohr, ein Gespräch oder Gebet? Das Wort aus der Morgenandacht begleitet die Leute in den Arbeitstag hinein, es beschäftigt sie und bringt Gesprächsbedarf. Ein sehr wichtiges Element ist dabei natürlich das seelsorgerliche Einzelgespräch, wo es immer darum geht, mit der Schuld und den Verletzungen der Vergangenheit im Gebet zu Jesus zu gehen.

Aus der Öffentlichkeit kamen Fragen: „Drogenreha Wiedenhof – was sind das für Menschen? Welche Kompetenzen haben sie?“ Wir haben uns auch selbst gefragt, was denn unser Profil sein sollte. Welche Ausbildung und Professionalität brauchen wir? Dabei wurde uns immer klarer, dass unsere Wurzeln allein in Jesus sind. Er hat berufen, was nichts gilt in der Welt. Das Törichte, das schwach ist vor der Welt, hat Gott erwählt (1. Korinther 1,27), denn es soll nicht durch Heer oder Kraft (also menschliche Möglichkeiten und Kompetenz) geschehen, sondern durch seinen Geist (Sacharja 4,6).

In der Gründungszeit haben wir nach schon bestehenden Modellen geschaut, um zu lernen, wie wir es machen könnten. So gehören wir seit dreißig Jahren zur ACL (Arbeitsgemeinschaft christlicher Lebenshilfen), wo uns das Grundkonzept des gemeinsamen Lebens mit Hilfsbedürftigen vereint. Jeweils im Frühjahr und Herbst treffen wir uns seit vielen Jahren zum Austausch und Gebet.

Zutiefst überzeugt, dass bleibende, tiefe, christliche Hilfe nur auf dem Fundament gelebter Einheit gelingt, haben wir in Lüdenscheid und weit darüber hinaus die Gemeinschaft mit anderen Christen auch in anderen Konfessionen gesucht. Seit über fünfundzwanzig Jahren nehmen wir mit unseren etwa dreißig Reha-Gästen am Gemeindeleben der evangelischen Kreuzkirche Lüdenscheid teil, was beide Seiten als sehr befruchtend empfinden.

Nach der Therapie im Wiedenhof soll es zurückgehen in das normale Leben. Den Wiedereinstieg versuchen wir in unserer „Villa", der Nachsorge-WG mit ca. fünfzehn Plätzen, zu bewältigen. Der Weg in Schule, Ausbildung oder Arbeit ist nicht leicht, und wir stehen weiter begleitend zur Verfügung. Manchmal wird jemand rückfällig – was nur zeigt, dass er weiterhin Stütze braucht. Wir glauben, dass Ehemalige, die früher wie ein Fluch in unserer Gesellschaft waren, nun ein Segen sein sollen (Sacharja 8,13). Sie bringen positive Werte wie Wahrhaftigkeit, Respekt, Verlässlichkeit, Dankbarkeit, Selbstlosigkeit und Gottesfurcht in die Firmen, Schulen usw.

Es besteht ein guter Kontakt zu den später entstandenen Reha-Zentren in Wien, Manila, Bangkok und Omsk/Sibirien. Manche der dort tätigen Mitarbeiter haben im Wiedenhof ihre Therapie gemacht. Andere waren hier Mitarbeiter und wurden so für die spätere Arbeit in der Mission vorbereitet. So wird deutlich, dass wir verschiedene Zielsetzungen im Wiedenhof haben:

Zunächst wollen wir die Menschen aus dem Elend herausholen und vor dem drohenden Tod bewahren und ihnen ein Fundament geben an Heilung und Lebensbewältigungsvermögen, um in Beruf und Familie erfüllt leben zu können. Darüber hinaus möchten wir aber auch nach der Berufung der Menschen fragen und sie mit missionarischen und diakonischen Projekten „bis an die Enden der Erde" in Kontakt bringen, um ihnen noch ganz andere Dimensionen eines Lebens mit Jesus zu zeigen.

Inzwischen haben wir in Lüdenscheid etwa fünfunddreißig bis vierzig Plätze für Drogensüchtige, unterteilt in ca. zwölf Monate Therapie und zwölf Monate anschließender Nachsorge-WG.

Über tausend Drogensüchtige haben wir bisher insgesamt aufgenommen, von denen viele nach kurzer Zeit wieder gegangen sind. Manche konnten nicht vergessen, was sie hier mitbekommen hatten, und versuchten es später noch einmal. Sehr viele jedoch schafften einen dauerhaften Ausstieg aus Sucht und Kriminalität. Diese Veränderung und Erneuerung eines Menschen ohne Hoffnung ist das Großartigste, das wir in unserem Dienst erleben: „Wenn jemand in Christus ist, ist er eine neue Kreatur!" (2. Korinther 5,17).

Die Arbeit im Wiedenhof wurde von Anfang an bewusst nicht an die üblichen Kostenträger in unserem Gesundheitswesen angeschlossen. Sie wird über drei Schienen finanziert:

1. Jeder Gast bekommt über das hiesige Sozialamt Hilfe zum Lebensunterhalt.

2. Die Eigenarbeit in Werkstatt und Secondhand-Laden ist ein weiteres Standbein der Finanzierung.

3. Der Wiedenhof ist ein Glaubenswerk, das durch Spenden mitgetragen wird. Die Mitarbeiter sind auf Sachbezugsebene mit einem monatlichen Taschengeld angestellt. Sie opfern viel aus Liebe zu Jesus. Ohne das freiwillige Opfer des eigenen Lebens wird es keine Resultate, keine Frucht geben.

Als Jugendlicher hatte ich den tiefen Wunsch nach gelebter Gemeinschaft mit gesellschaftsverändernder Wirkung. Durch den Glauben an Jesus und die Arbeit mit Drogensüchtigen in den letzten dreißig Jahren hat sich dieser Traum erfüllt.

Mein Wunsch und Gebet ist, dass sich durch dieses Modell immer wieder junge Leute dem Ruf Gottes stellen – mit der damit verbundenen Verantwortung in unserer dunklen Welt.

Bernd bei einer Andacht (1978)

„Gut Holz!" – Arbeit in der Schreinerwerkstatt

„Hier wird (man) geschliffen …“

Absprung geschafft …

Lobpreis bei der täglichen Andacht

Lecker, Pizza!

Auferstanden in ein neues Leben

Reha-Gäste und Mitarbeiter 2006

Heidi L.

Ich träumte, einfach aufzuwachen ...

Morgen früh aufstehen und einfach ganz normal sein ... Morgen früh aufstehen, und der ganze Spuk ist vorbei ...

Wie oft hab ich diesen Traumgedanken schon nachgehangen? Unzählige Male – aber eben nur Träumerei. Und doch träume ich heut Abend wieder davon. Was hab ich da vorhin gehört? Ehrlich sein ist ein Schlüssel, damit die Hilfe, die mir angeboten wird, wirklich was bringt? Dass ich nicht lache! Ich und ehrlich! Wenn's außer Heroin noch was gibt, was in meinem Leben dominiert, dann ist es das Lügen. Einfach alles so hindrehen, wie man's gerade braucht. Schon als Teenager hatte ich es immer verstanden, widrige Umstände durch selbstgestrickte „Wahrheiten" zu überwinden, um an mein Ziel zu gelangen. Und jetzt ...

Jeden Tag hatten sie mich auf der Drogenszene verhaftet. Mein Mann saß schon im Gefängnis und ich wusste, es kommt der Tag, da lassen sie dich auch nicht mehr laufen. Irgendwohin, wo sie dich in Ruhe lassen. Therapie? Ach nee, das hilft sowieso nichts. Kein Mensch kann diese Gier aus mir herausholen. Dazu bräuchte es schon ein Wunder. Wer ist für Wunder zuständig – Gott?!

Da hat mir doch mal einer erzählt, dass es irgendwo ehemalige Drogen-Freaks gibt, die angeblich so ein Wunder erlebt haben und die jetzt anderen Junkies helfen ... Und nun sitz ich hier bei denen im Haus. Aber auch nur, weil ich wieder mal alles so hingedreht habe ...

„Den körperlichen Entzug bitte vor Antritt der Therapie machen!" Klar doch, mach ich – hab ich aber nicht. Stattdessen bin ich voll abhängig hier angekommen, zur Sicherheit Schlaftabletten im Gepäck (natürlich versteckt). Ist das wirklich erst sechs Stunden her?

Ehrlich sein ... Oh Gott, so wird das nie was, so kann ich gleich wieder gehn! Aber ich hab solche Angst vor dem, was kommt. „Gott, kannst du mir helfen, obwohl ich alle angelogen habe? Na ja, die wissen ja nichts davon, aber du weißt alles … Willst du mir überhaupt helfen, so einem verlogenen Individuum wie mir? Kannst du? Willst du? Bitte lass mich morgen früh aufstehn und frei sein, dann kannst du mit dem Rest meines Lebens machen, was du willst!“

Gott konnte und wollte: Frei von jeder Gier nach Drogen und ohne Entzugserscheinungen begann mein zweiter Tag im Haus Wiedenhof. Ich brauchte drei Tage, bis ich glauben konnte, dass dieses Wunder wirklich geschehen war. Ich habe mein Versprechen nie zurückgenommen und Gott hat es reichlich genutzt. Sechsundzwanzig Jahre ist das jetzt her.

Mein erster Schritt als freier Mensch war: lernen, ehrlich zu sein. Ich ging zu den Mitarbeitern im Wiedenhof und machte reinen Tisch. Ich wollte diesen Gott kennenlernen und mit ihm leben, so wie sie es taten. Sie wirkten so authentisch, so frei und glücklich, obwohl sie vierundzwanzig Stunden am Tag, sieben Tage die Woche mit lauter so schwierigen Typen wie mir zusammenlebten.

Aufgewachsen in einer sehr christlichen Umgebung, wusste ich viel über Gott: Geschichten über Jesus, was man tun soll und vor allem, was man alles nicht tun darf. Aber irgendwie hatte ich nie rauskriegen können, wie das alles zu schaffen wäre.

Mit sechzehn startete ich einen letzten Versuch, der ganzen Sache mit Gott auf den Grund zu gehen, mit dem Ergebnis, dass ich das Gefühl hatte: Du hast es oder du hast es nicht – Pech für mich, ich hatte es nicht. Also gab ich auf und wandte mich dem Nächstliegenden zu, nämlich den Mann fürs Leben zu finden. Das war für mich das Wichtigste überhaupt, gleichbedeutend mit Sinn des Lebens. Nicht Karriere machen oder viel Geld verdienen oder Ähnliches bedeutete mir etwas. Die Vorstellung, ohne Partner durchs Leben gehen zu müssen, war für mich ein Albtraum. Ich glaubte fest daran, dass es „den Einen“ gibt.

Zwei Jahre später begegneten wir uns. C. war ein ehemaliger Drogenabhängiger, ich ein total naives, verliebtes Huhn. Alles fühlte sich so abenteuerlich an – was es dann auch wurde …

Allerdings in eine ganz andere Richtung, als ich es erträumt hatte. Wir heirateten ziemlich schnell, doch zwei Monate vor der Hochzeit wurde er bereits rückfällig, was seine besten Freunde mir auch erzählten. Sie wollten mich warnen, ich aber dachte: Wer wirklich geliebt wird, hat es nicht mehr nötig, Drogen zu nehmen – meine Liebe wird ihm helfen! Alle gut gemeinten Ratschläge von Menschen, die mich wirklich liebten, schlug ich in den Wind.

Einen Monat nach der Hochzeit hing er wieder an der Nadel und alle meine Träume – wohl eher Illusionen – zerplatzten wie eine Seifenblase. Aller Idealismus war dahin. Schlimmer noch: In mir machte sich eine so tiefe Enttäuschung und Resignation breit, wie ich sie in meinem ganzen Leben noch nie erlebt hatte. Alles ist dahin, nichts lohnt sich mehr. Also ließ ich den Karren laufen. Alles egal, alles sinnlos.

Und so – mehr von meinen Gefühlen und Umständen gesteuert, als mit dem Verstand geplant – fing ich ebenfalls an, Heroin zu spritzen und war in kürzester Zeit abhängig. Der Kreislauf begann: Geld besorgen, Drogen besorgen. Qualen, wenn keine Drogen da waren, und immer auf der Flucht vor der Polizei. Gebetet hab ich oft: „Gott, hol mich hier raus!“ Aber erwartet hab ich nichts – und passiert ist auch scheinbar nichts. Bis zu jener Nacht im März 1980 im Wiedenhof …

Am Anfang der Drogenkarriere

Und jetzt bekam ich die einmalige, supergeniale Chance, ganz neu anzufangen – welch ein Geschenk! Gleichzeitig hatte ich eine Heidenangst, alles wieder zu vermasseln. Mein Vertrauen in mein Urteilsvermögen war zutiefst erschüttert. Ich glaubte nicht mehr daran, dass ich von mir aus in der Lage war, gute und richtige Entscheidungen zu treffen. Ich hatte den Boden unter den Füßen verloren. Da traf ich eine Grundsatzentscheidung: Wenn Gott so ist, wie er sich in der Bibel darstellt – und er verbürgt sich ja selbst dafür, dass alles, was da drin steht, die Wahrheit ist –, dann glaube ich ihm. Ich verlasse mich darauf, dass alles stimmt, was er sagt, und dass alles geschieht, was er sagt. Unser Trauspruch wurde mein Lebensmotto: „Was ER euch sagt, das tut!“ Ich setzte alles auf diese eine Karte. Was hatte ich schon zu verlieren? Nichts! Entweder es erwies sich als wahr oder eben nicht. Schlimmer als bisher konnte es auch nicht kommen. Mit der Ehrlichkeit hatte ich ja schon angefangen. Das betraf nicht nur die aktuellen Ungereimtheiten, sondern auch die Vergangenheit. Es war wirklich nicht besonders lustig, all den Müll anzuschauen, den ich so fabriziert hatte. Und dann das Ganze auch noch vor Gott und vor Menschen zu bekennen und, wo es möglich war, die Sachen wieder in Ordnung zu bringen! Sogar „Vergehen“ aus meiner Kindheit fielen mir ein; mein Gewissen war hellwach. „Man muss den Rücken frei haben, um nach vorne gehen zu können.“ Nichts sollte mich aus der Vergangenheit einholen und beschweren können. Zentnerlasten fielen dabei von mir ab und ich erlebte zum ersten Mal, wie befreiend Vergebung von Gott und von Menschen ist. Frei von Schuld sein – durch Vergebung und nicht durch ausgeklügelte Rechtfertigungsstrategien. Beziehung mit Gott leben – so fing es damals an.

Ein paar Wochen später wurde C. mit dem Urteil „Therapie statt Strafe“ entlassen und kam ebenfalls in den Wiedenhof. Bald darauf musste ich feststellen, dass ich schwanger war. Schon vor Jahren hatte man mir gesagt, dass ich keine Kinder bekommen könne, worüber ich nicht besonders traurig war. Ich quälte mich wochenlang mit Schuldgefühlen herum. Wie verantwortungslos von mir, in so eine unsichere Situation hinein ein Kind zu bekommen! Warum hatte ich den Diagnosen der Ärzte nur geglaubt? Das arme Kind, das schaff ich niemals!

Da ich es nie gelernt hatte, über meinen inneren Zustand zu reden, blieb ich mit meiner Not allein – dachte ich. Was dann kam, wurde zu einem Schlüsselerlebnis für mich. Als ich dachte, keiner weiß, wie's mir wirklich geht, redete Gott in mein Gefühls- und Gedankenchaos hinein: „Mach dir keine Sorgen, es ist nicht deine Schuld, sondern mein Wille. Ich geb dir alles, was du brauchst, um eine gute Mutter zu sein.“ Von jetzt auf gleich waren alle Schuldgefühle und Sorgen weg und Freude machte sich Bahn in meinem Herzen – Gott hatte geredet! Er kennt mein Innerstes! Er steht zu mir und was er sagt, das tut er auch. Zum ersten Mal in meinem Leben gab es jemanden, auf den ich mich wirklich verlassen konnte. Die nächsten Monate waren geprägt von Trainingseinheiten, die das Leben in Gemeinschaft bereithält: Umgang mit Ärger, widrigen Umständen, Personen, die man gut oder weniger gut leiden kann, Gelingen und Versagen – und das alles aus dem Blickwinkel Gottes beurteilt. Da hieß es umdenken, umdenken, umdenken … Es gibt viele gute Gewohnheiten in meinem Leben, die in dieser Zeit ihren Ursprung haben. Für Gott verfügbar zu sein und ihm zu gefallen, mit allem was ich bin und habe – das wurde mein Herzenswunsch.

Ende 1981 war unsere Reha-Zeit zu Ende und wir zogen in eine schöne Wohnung in Lüdenscheid. Unsere Tochter war gerade ein Jahr alt. C. ging arbeiten und ich kümmerte mich um sie. Ich hatte nie Hausfrau sein wollen, doch jetzt war ich frei, auch das mit ganzem Herzen zu tun. Von Anfang an hielt ich Ausschau nach Menschen, denen ich die Liebe weitergeben konnte, die ich erfahren hatte. Gelegenheiten dazu gab es in dem Haus, in dem wir wohnten, genug.

Leider dauerte es nicht lange und C. begann, sich wieder im alten Milieu aufzuhalten. Ich war gerade mit unserer zweiten Tochter schwanger, als der Schrecken über mich hereinbrach: C. fing wieder an, Drogen zu nehmen. Für mich stürzte eine Welt zusammen. Alles fühlte sich genau so an wie damals. Eine große Leere und Hoffnungslosigkeit machte sich in mir breit – und doch war irgendetwas anders.

„Jesus, jetzt bist du dran, ich bin erledigt! Entweder greift jetzt dieses neue Leben in mir oder alles ist nur Einbildung“, dachte ich so bei mir. Die nächsten Monate waren schrecklich, und doch will ich sie nicht missen. Mal machte ich mir tierische Sorgen, dass C. an einer Überdosis starb, und konnte nächtelang nicht schlafen. Dann war ich wieder zornig auf ihn, weil er das ganze Geld für Drogen ausgab und ich nichts mehr für Lebensmittel hatte. Ich erinnere mich, wie ich mich einmal am Türpfosten festklammerte und zu Gott schrie: „Ich halt das nicht mehr aus – bitte komm du!“ Und er kam. Ich sah ihn nicht, aber alles in mir nahm seine Anwesenheit wahr. Tiefer Friede und Geborgenheit erfüllten den ganzen Raum, die Schmerzen und Sorgen verschwanden. Dieses Erleben seiner Gegenwart wurde mein „täglich Brot“ und machte mich fähig, der Versuchung, einfach aufzugeben, zu widerstehen. Wann immer ich die Möglichkeit hatte, suchte ich die Gemeinschaft mit den Mitarbeitern der FCJG. Die waren inzwischen zu Freunden geworden. Ihre Gebete und ihr Beistand waren mir immer wieder Hilfe und Orientierung, wenn ich nicht mehr wusste, wo rechts oder links ist. Am meisten ermutigte und stärkte mich aber Gottes Wort. Es wurde für mich wie ein fester Anker. Ich glaube, es gab keinen Gottesdienst, aus dem ich ohne ein persönliches Wort von Gott nach Hause ging. Egal, ob in der evangelischen Kreuzkirche, in die ich damals ging, oder in unserem eigenen Gottesdienst im Wiedenhof – Gott redete zu mir. An diese Zusagen Gottes klammerte ich mich wie ein Ertrinkender, und sie wurden mir Kraft und Heilung. Nicht irgendwann, sondern jeweils direkt in meine Situation hinein.

Kurz nach der Geburt unserer zweiten Tochter zeichneten sich gravierende Veränderungen ab: C. wurde verhaftet und wollte auch später nicht ohne Drogen leben. Ein sehr schmerzhafter, aber heilsamer Prozess des Loslassens begann für mich. Die Vorstellung, ohne Partner leben zu müssen, war einfach zu furchtbar. Ich bin nicht dazu geschaffen, „ohne“ zu leben – das war meine feste Überzeugung. Und jetzt hatte ich auch noch zwei Kinder!

„Lass los und vertrau mir! Denen, die mich lieben, werden alle Dinge zum Besten dienen.“ Das war das Einzige, was Gott dazu sagte. Wie sollte das gehen? Ich hatte keine Ahnung, aber ich wusste: Es muss einen Weg geben! Die Antwort ließ nicht lange auf sich warten: „Immer, wenn's dir schwer wird, bete mich an!“ Ich hatte schon längere Zeit damit angefangen, nur noch Anbetungsmusik zu hören. Vor allem in Situationen, in denen ich gefühlsmäßig durcheinander war, hat das immer wieder Ordnung in mir geschaffen. Ich hatte mich so in Jesus verliebt, dass ich nie wieder ohne ihn leben wollte. Ihn zu erheben, in und über allen Umständen, nicht nur mit netten Liedern, sondern von ganzem Herzen – das veränderte nicht nur meine Perspektive, sondern erfüllte mich auch mit Zuversicht und Geborgenheit.

Die ganze Zeit über hatte ich guten Kontakt zu meinen Nachbarn und es gab dort viele Gelegenheiten, einigen von ihnen eine Freundin zu sein und ihnen Jesus zu bringen. Eine Nachbarin war in so großer Not, dass sie plante, sich das Leben zu nehmen. Irgendetwas sagte ihr jedoch, sie solle erst bei mir vorbeischauen. Ich konnte für sie beten und ihr helfen. Mich um andere zu kümmern hatte auch den Nebeneffekt, dass ich nicht so viel mit mir selbst beschäftigt war.

Ich hatte immer schon ein abenteuerliches Leben haben wollen. Langweilig war mir als Teenager genug gewesen. Aber irgendwie wollte ich noch mehr – ich wollte wieder in Gemeinschaft leben. Außerdem hatte ich viel Zeit, die ich gerne sinnvoll investieren wollte. Es dauerte nicht lang, bis sich die Möglichkeit bot, in die gerade entstandene stadtmissionarische Wohngemeinschaft (kurz: Missionshaus) einzuziehen. Während des ersten Jahres dort kam ich oft an meine Grenzen. Manchmal hatte ich das Gefühl, Gott benutzt die anderen wie ein Brecheisen, um mein Herz zu erweitern. Sie hatten es sicher auch nicht immer leicht mit mir. Mit der Zeit lernten wir, in Liebe und Offenheit miteinander umzugehen, und wurden Freunde fürs Leben. Als es am schönsten war und wir einander richtig genießen konnten, kam wieder mal Veränderung.

Viele um mich herum beschäftigten sich mit Weltmission, vor allem in Asien – ich aber nicht. Viel zu viele Menschen auf einem Haufen, dachte ich nur.

Dann rückte plötzlich Österreich in den Fokus. Dort war eine Drogenreha geplant, und alle leitenden Mitarbeiter der FCJG sollten beten, ob Gott sie dort vielleicht haben wollte. Ich dachte, ich brauch nicht zu beten, das ist bestimmt nichts für mich – hundert Schuhnummern zu groß. Aber Gott dachte anders: „Heidi, ich will, dass du nach Wien gehst." Punkt – nichts weiter. Nie zuvor hatte ich Gottes Stimme so klar und deutlich gehört. Was hatte ich ihm sieben Jahre zuvor versprochen? Du kannst mit meinem Leben machen, was du willst!? Okay, Gott, ich geh nach Österreich. Wenn du mir das zutraust und du mich dort gebrauchen kannst, dann geh ich!

Heidi am FCJG-Stand in Wien

1988 zogen wir, ein Team von vier Erwachsenen und vier Kindern, nach Wien – in die größte Unsicherheit meines Lebens. Keine Sozialhilfe und auch kein Freundeskreis, der mich finanziell unterstützte. Und das als Alleinerziehende mit zwei Kindern! Endlich hatte ich wirkliche Freunde gefunden, und jetzt sollte ich alles zurücklassen? „Wer nicht verlässt Vater und Mutter …, ist meiner nicht wert." Meine Gefühle fuhren Achterbahn. Ich fand mein Leben ja jetzt schon reichlich herausfordernd. Aber im Vergleich zu dem, was vor mir lag, war das gar nichts. Trotzdem – ein Rückzieher kam nicht in Frage. Ich wollte Abenteuer – ich bekam Abenteuer.

So eng wie dort in Wien hatten wir noch nie zusammengelebt, und das sollte sich auch in den nächsten zehn Jahren nicht großartig ändern. Wir waren in den Straßen und Gefängnissen Wiens unterwegs. Mal betend, mal predigend, mal anbetend – auf allen möglichen Wegen brachten wir das Evangelium zu den Drogenabhängigen dieser Stadt. Für mich war das, als dürfte ich meinen größten Traum ausleben. Ich hatte keine Ahnung, dass es mir so viel Spaß machen würde. Aber der Eine, der mich besser kennt, als ich mich je kennen werde, der wusste es. Die Sache mit der Anbetung nahm auch ganz neue Dimensionen an. Es stellte sich heraus, dass ich wohl die Einzige im Team war, die einigermaßen Gitarre spielen und den Takt halten konnte. In den Jahren zuvor waren alle Versuche, mal in der Andacht zu spielen, kläglich gescheitert. Ich war so verkrampft und voller Minderwertigkeitsgefühle, bei all den super Musikern um mich herum. Aber jetzt war kein anderer da, und es klappte auch ganz gut. Allerdings nur, solange wir unter uns waren. Doch dann sprach Gott zu mir: „Heidi, du sollst mich anbeten und du wirst viele andere in die Anbetung führen. Ich habe dich dazu gesalbt." Wow! Nicht nur, weil kein anderer da war, sondern weil Gott es so wollte! Das machte mich mutiger, mehr zu wagen. Ich lernte, Menschenfurcht zu überwinden und einfach für Jesus zu spielen. Dadurch wurde ich immer freier. Ganz besonders liebte ich es, bei unseren Einsätzen auf der Drogenszene zu spielen. Die Drogenabhängigen mit ihrem oft sehr benebelten Verstand waren berührt, wenn wir von der Liebe Gottes sangen. Das fand den direkten Weg zu ihren Herzen, mehr als das gesprochene Wort.

In Wien gab es aber nicht nur rosige Zeiten. Meine Mädchen waren inzwischen Teenager geworden und nicht alles, was sie drauf hatten, fand meine Zustimmung, und umgekehrt genauso. So galt es, weise Entscheidungen zu treffen, die ein gutes Zusammenleben gewährleisteten, aber nicht auf Kosten der Beziehung zu ihnen. Auch da erlebte ich immer wieder, wie Gott mir seine Sicht der Dinge offenbarte und ich dadurch sicher handeln konnte. Zwischenzeitlich lag ich Gott immer mal wieder in den Ohren, was er denn in Sachen Partnerschaft für mich zu tun gedenke. Die Antwort blieb immer die gleiche: „Vertrau mir, ich kümmere mich darum!“ Inzwischen, mit den Jahren, ist diese Sache mehr und mehr in den Hintergrund gerückt und längst kein „Leiden“ mehr.

Wir durchlebten gerade eine etwas längere Phase der Umstrukturierung innerhalb unserer Arbeit in Wien, als Gott – erst ganz dezent, dann immer deutlicher – vom Loslassen sprach. Ich brauchte eine gewisse Zeit, bis ich kapierte, was er damit wirklich meinte. Obwohl Wien mein Zuhause geworden war und ich die Menschen liebte, sollte meine Zeit dort zum Abschluss kommen. Meine älteste Tochter, die sich ein Jahr zuvor wieder für Jesus entschieden hatte, war schon nach Lüdenscheid aufgebrochen, um ihren Weg mit Jesus zu gehen. Die jüngere, J., steckte gerade in den Vorbereitungen für ihre Matura (österreichisch für Abitur).

Auf meine Frage, was und wo denn das Neue wäre, stellte Gott mir eine Frage: „Heidi, was wünschst du dir? Was würdest du gerne tun?“

Ich: „Ach Gott, ich kann mich doch immer noch nicht richtig selber einschätzen. Aber wenn ich ganz ungeschützt träumen darf, dann irgendwas mit viel Gebet und Anbetung. Ich hätte gerne mal mit ganz anderen Menschen als bisher zu tun. Auch arbeitsmäßig würde ich gern mal was Neues machen. Ich hab aber keine Ahnung, was! Eine Wohnung mit Gästezimmer, am liebsten in einem Haus, wo noch andere Christen wohnen – das wäre auch nicht schlecht. Aber nicht so groß …“ Gott: „Und wo findest du das alles?“ Ich: „Ich kenne nur einen Ort – Lüdenscheid.“ Gott: „Also geh.“ Ich: „Aber Gott, wo soll ich wohnen? Ein Auto brauch ich dort auch und wovon soll ich das alles finanzieren?“ Gott:

„Fürchte dich nicht, glaube nur!“ J. hatte ein paar Monate zuvor ein Kind bekommen, und ich half ihr, ein eigenes Nest zu bauen, denn sie wollte in Wien bleiben. Da rief mich eine Freundin aus Lüdenscheid an, ob ich nicht Lust hätte, in ihr Haus zu ziehen. „Da gibt es eine Wohnung, ideal für dich.“ Zwei meiner Brüder besorgten ein Auto für mich. Irgendwie lief alles wie von anderer Hand gelenkt. Obwohl es mir sehr schwer fiel, meine Tochter und ihren Sohn zurückzulassen, hatte ich doch die tiefe Gewissheit, dass Gott auch ihr Leben in seiner Hand hat. Der Abschied war tränenreich, aber mein Herz war frei, in ein neues Abenteuer mit Gott zu gehen.

Dieses „neue Abenteuer“ führte in ein Team der FCJG, das sämtliche Veranstaltungen auf die Beine stellt – Konferenzen mit ein paar tausend Teilnehmern genauso wie Gebetstreffen mit zwei Handvoll Leuten. Mein Aufgabenbereich ist extrem vielseitig: Organisatorisches bei Veranstaltungen, Anbetung leiten bei Treffen auf dem Gebetsberg, mich um Gäste und Besucher der FCJG kümmern, dazwischen mal eine Reise nach Nordkorea und Einsätze in den Kneipen Lüdenscheids … Außerdem bin ich Assistentin von einem der Leiter der FCJG. Mich auf unterschiedliche Menschen einstellen, schnell, flexibel und selbstständig in allen möglichen Situationen agieren und auch zu unüblichen Zeiten verfügbar sein – das ist sehr herausfordernd und macht mir viel Spaß.

Zusammenfassend kann ich von ganzem Herzen sagen: „Denen, die Gott lieben, werden alle Dinge zum Besten dienen!“ Das habe ich erlebt, und das wird auch in Zukunft so sein!

Thomas E.

Mission Manila

Schon seit Wochen hatte ich eine riesengroße Beule am Unterarm – einen Abszess. Durch die hektische Suche mit der Nadel nach einer Vene hatte sich das Ding gebildet; ein Beamter war mir auf den Fersen gewesen, der mir den kostbaren Stoff abgenommen hätte.

Ich war gerade von einer meiner regelmäßigen Drogenschmuggeltouren aus Holland zurückgekommen, da platzte mir das Ding auf. Ich musste ins Krankenhaus. Der zuständige Arzt war nicht zimperlich, denn mit Leuten wie mir wollte damals nicht jeder etwas zu tun haben. Ohne große Betäubung schnitt er mir mit dem Skalpell den Arm auf. Das tat tierisch weh, aber Mitleid konnte ich hier nicht erwarten, war ich doch selbst schuld an meiner Misere …

Eigentlich hatte ich einen guten Start ins Leben. Als Ältester von vier Geschwistern wuchs ich in einem guten und liebevollen Elternhaus auf. Die ersten Jahre in der Schule liefen wie im Bilderbuch. In der Freizeit war Fußball meine Leidenschaft.

Ich bekam einen Knick, als meine Leistungen in der Schule nachließen und ich vom Gymnasium runter musste. Nach der Hauptschule begann ich eine Maurerlehre und wollte danach mein Fachabitur machen. Ich war jetzt siebzehn Jahre alt und fand mein Leben öde und langweilig. Alles grauer Alltag. Die einzige Abwechslung waren Feten und die Kneipe am Wochenende, mit den Freunden vom Dorf.

Irgendwie suchte ich nach mehr im Leben. Die Hippieszene der 70er-Jahre zog mich total an. So ließ ich meine Haare wachsen, trug Flickenjeans und Ohrring, wie viele andere Jugendliche in dieser Zeit. Schon bald merkte ich, dass in dieser Szene Drogen dazugehörten. So ließ ich mich direkt auf Heroin ein. Ich hatte keinen blassen Schimmer, was das bedeuten würde. Etwas naiv machte ich es einem Freund nach und sniefte das weiße Pulver durch eine Kulihülse in die Nase. Das Feeling war toll. Auch wenn ich von dem Zeug kotzen musste. So sah mein Einstieg in den Drogenkonsum aus: von Null auf Hundert. Jetzt probierte ich alles. Von Haschisch bis LSD, Speed und Heroin. Recht schnell begann ich, Speed und Heroin auch zu spritzen. Das gab dann den besonderen Kick.

Teilweise fiel es mir schwer, den harten Arbeitsalltag auf dem Bau zu überstehen und gleichzeitig meiner Sucht nachzugehen. Vor allem auf Entzug war die Knochenarbeit ätzend. Es sollte nicht auffallen. Saufen galt ja als normal, aber Drogen überhaupt nicht. Also führte ich ein Doppelleben. Irgendwie schaffte ich es trotzdem, meine Lehre abzuschließen. Danach entschied ich mich, dem normalen Leben endgültig Ade zu sagen. Ich zog zu ein paar Freunden. Die lebten in einer Kommune auf dem Land …

„Wow, ich hab's jetzt! Das ist das Leben!", ging es mir durch den Kopf. Ich hatte eine Freundin und war total verliebt. Wir arbeiteten nicht mehr und bedröhnten uns mit dem, was wir so zwischen die Finger kriegten. Allerdings verwandelte sich das vermeintliche Paradies innerhalb von kurzer Zeit in eine Hölle: Meine Freundin ließ mich sitzen und mein Leben drehte sich nur noch um die Droge. Was so schön angefangen hatte, wurde zum Albtraum. Wir verkauften einander die Drogen und jeder war sich selbst der Nächste. Die Kommune zerbrach. Ich machte den ersten ernsthaften Versuch aufzuhören. Dazu wollte ich meine Einberufung zur Bundeswehr nutzen. Ich dachte: „Das ist meine Chance! So komme ich weit weg von der Drogenszene."

Den Entzug bekam ich hin und wurde Soldat. Kalte Wirklichkeit. Die Woche über schaffte ich es, drogenfrei zu bleiben. Am Wochenende jedoch zog es mich mehr und mehr zurück zum Heroin. Wieder führte ich ein Doppelleben. Die Leute, die mich zu kennen meinten, kannten eben nicht alles. Im Blenden war ich ein Meister!

Doch hier im Krankenhaus, den Arm im Gips und mit meinem Leben am Ende, konnte ich keinem was vormachen. Es gab keine Hoffnung mehr für mich. Meine Ehe war kaputt und ich hatte keine Freunde mehr, keinen festen Wohnsitz und keine Arbeit. Zwölf Jahre Drogensucht lagen hinter mir und die hatten tiefe Spuren hinterlassen. Die Diagnose: HIV positiv und Hepatitis C! Das waren nach Aussage eines Arztes zwei Zeitbomben in meinem Körper. Ich hatte keine andere Wahl als zehn Tage dort zu bleiben, zum Entgiften. Aber was sollte dann werden? Für mich gab es auch absolut keine Perspektive mehr. Ich dachte an unzählige gescheiterte Anläufe, ein neues Leben anzufangen. Ich erinnerte mich an meinen ersten Therapieversuch 1981 in einer therapeutischen Gemeinschaft:

Beim Aufnahmegespräch hatte ich einer Gruppe von Leuten gegenübergesessen. Denen sollte ich erklären, warum ich eine Therapie machen wollte. Also erklärte ich ihnen, warum … „Na ja, quatschen kannste gut. Aber jetzt zeig uns mal, dass du wirklich willst!“, sagte einer der Mitarbeiter des Rehazentrums. Nun musste ich an den Eingang des Grundstücks gehen und mir den Weg ins Haus buchstäblich freiboxen, vorbei an den Leuten, die versuchten mich festzuhalten. Nach diesem „netten“ Spielchen hatte ich mir den Weg in die Therapie „erkämpft“. Zuerst wirkte auch alles vielversprechend: Ich verliebte mich frisch und begann eine Beziehung mit einer Frau, die auch drogensüchtig war. Wir planten nach Ende der Therapie zusammenzuziehen. Ich wollte mein Abitur nachholen und dann wollten wir „normal“ leben. Doch kaum aus der sozialtherapeutischen Gemeinschaft entlassen, drehte sich wieder alles um *Königin Heroin.* Zur Schule ging ich nur den ersten Tag, dann nicht mehr. So weit zu den guten Vorsätzen … Meine Freundin wurde schwanger und wir dachten: „Oh, bald sind wir eine Familie! Mit dem Kind wird alles anders!“ Noch vor der Geburt unseres Sohnes heirateten wir standesamtlich. Meine Eltern waren nicht gerade begeistert. Natürlich änderte sich unser Leben nicht, im Gegenteil. Es drehte sich noch mehr um Drogen. Und ums Geld, damit wir uns Drogen besorgen konnten. Alles andere war Nebensache, auch unsere vermeintliche Familie. Heroin regierte unser Leben. Jede Illusion zerplatzte, als das Jugendamt vor der Tür stand und uns das Baby abnahm. Durch unseren Lebensstil hatten wir es völlig vernachlässigt. Es wurde in eine Pflegefamilie gegeben, die es später adoptierte.

Mein Leben war die Hölle. Die Beziehung zu meiner Frau ging in die Brüche. Irgendwann trennten wir uns und es dauerte nicht lange, bis ich total versackte. Jetzt lebte ich vom Dealen und war mir selbst mein bester Kunde. Regelmäßig fuhr ich nach Amsterdam, um Drogen zu beschaffen. Da ich auch oft Kokain nahm, hatte ich Paranoia und versteckte mich vor Leuten, die gar nicht da waren. Ich schaffte es nicht mehr, von der Droge wegzukommen. Manchmal saß ich auf der Straße und wusste keinen Ort, wo ich noch hätte hingehen können. Lügen, Stehlen, Angst vor der Polizei, die Suche nach einem Schlafplatz und die elende Angst vor dem nächsten Entzug – das waren meine ständigen Begleiter. Nichts war mir geblieben, nur die Frage: „Wie komme ich an den nächsten Schuss?“

„Ich kenne einen Ort, wo du nach deinem Entzug wohnen kannst", hörte ich jemanden sagen. Es war ein Sozialarbeiter des Krankenhauses, der es sich zur Aufgabe gemacht hatte, mir zu helfen. Irgendwie wusste ich, dass dieser Sozialarbeiter an Gott glaubte, aber damit konnte ich zu der Zeit wenig anfangen. Dennoch hatte ich in meinem erbärmlichen Zustand Hilfe dringend nötig. Also ließ ich mich auf sein Angebot ein. Ich zog zu ein paar jungen Familien, die in einem ehemaligen Bauernhof auf dem Land lebten. Neben ihrer regelmäßigen Arbeit nahmen sie kaputte Leute wie mich auf und wollten ihnen helfen. Das berührte mich irgendwie. „Warum machen die das?", dachte ich. Ihr Lebensstil schien echt zu sein und schnell fand ich heraus, dass es um Gott ging. An einem Abend nahmen mich die Leute mit zu einer Veranstaltung, der „Feuerkonferenz". Ein Mann namens Reinhard Bonnke predigte über ein neues Leben mit Jesus. Obwohl ich in meinem Kopf nicht viel verstand, wusste ich: Dieses neue Leben brauche ich! Zum ersten Mal sah ich Licht am Ende eines langen und dunklen Tunnels. Nach der Predigt fragte Reinhard Bonnke, wer dieses neue Leben von Jesus bekommen wollte. Für mich gab es kein Halten mehr. Ich sprang auf und rannte nach vorne, um für mich beten zu lassen. Hoffnung erfüllte mein Herz und ich wusste: Ich habe noch eine Zukunft!

Thomas, Petra und ihre Kinder

Klar war: Wenn ich wirklich ein neues Leben anfangen wollte, dann brauchte ich eine Therapie. Die Leute vom Eickmannshof, die mich aufgenommen hatten, konnten mir da langfristig nicht weiterhelfen. So arrangierten sie ein Vorstellungsgespräch für mich im Wiedenhof in Lüdenscheid.

Mir gruselte vor der Länge der Therapie. Aber dennoch fuhr ich mit, um mir diese Reha anzusehen. Die Größe der Gemeinschaft überraschte mich. Der Wiedenhof war nur ein Arbeitszweig der FCJG, außerdem gab es noch die Stadtmission, Kinder- und Teenagerarbeit und eine Schule für Mission, außerdem verschiedene Wohngemeinschaften. Nach ein paar Begegnungen mit verschiedenen Leuten dort fühlte ich mich schon echt wohl. Auch das Aufnahmegespräch war unkompliziert. Ich war froh, im Mai 1988 meine Therapie im Wiedenhof anfangen zu können.

Es faszinierte mich, Leute zu sehen, die wie ich aus der Drogensucht kamen und deren Leben sich so gewaltig verändert hatte. Es dauerte nicht lange und ich fühlte mich sehr wohl im Wiedenhof, der mein Zuhause wurde.

Ziemlich am Anfang meiner Therapie bekam ich die Vorladung zu meinem Scheidungstermin. Es war eine kurze und nüchterne Abhandlung vor Gericht. Für mich ging damit ein weiteres Kapitel meiner dunklen Vergangenheit endgültig zu Ende.

Eine Stelle aus der Bibel gab mir die Hoffnung und den Glauben, dass Gott alles, was ich verbockt hatte, wieder neu machen konnte. In 2. Korinther 5,17 heißt es: „Ist jemand in Christus, so ist er eine neue Kreatur. Das Alte ist vergangen, siehe, Neues ist geworden!" Das erlebte ich jetzt. Jesus hatte mir alle meine Schuld vergeben. Ich fühlte mich so leicht und happy. Noch einmal neu anfangen können, davon hatte ich immer geträumt. Mir war, als hätte Gott einen Narren an mir gefressen. Doch warum bekam ausgerechnet ich diese Chance? Ich hatte früher zum Beispiel einen guten Freund gehabt, der es moralisch gesehen viel mehr verdient hätte, noch mal neu anfangen zu können. Doch er war inzwischen an seiner Drogensucht gestorben!

Es gab eine Menge Schutt zu bewältigen, der sich in meiner Vergangenheit angehäuft hatte. Der Heilige Geist zeigte mir die vielen Dinge, die ich wiedergutzumachen hatte. Das bedeutete zum Beispiel: Briefe an Leute zu schreiben, bei denen ich gestohlen oder gelogen hatte, und soweit es möglich war, das Geld zurückzuzahlen und um Vergebung zu bitten. Es war wichtig, diese Schritte zu tun, Verantwortung zu übernehmen für meine Fehler und Dinge zu bereinigen. Doch die Vergebung kam nicht durch mein Bemühen, etwas wiedergutzumachen, sondern allein aus Gottes Gnade.

Auch im Alltag merkte ich, wie sich viele Dinge veränderten. Wenn ich anfing zu lügen oder zu übertreiben, quälte mich auf einmal mein Gewissen. Was früher mein Lebensstil gewesen war, brachte mich nun in Konflikte. Ich hatte erst wieder Ruhe, wenn ich die Wahrheit sagte …

Als meine Therapie dem Ende zuging, war die große Frage: „Was kommt jetzt?" Als was konnte ich schon arbeiten? Als Maurer? Ich wollte nicht unbedingt auf den Bau zurück. Es schien wie eine Gebetserhörung, als mir jemand eine Ausbildung in einem Brillengeschäft anbot. Eine saubere Arbeit, wo man viel mit Leuten zu tun hat. Das gefiel mir! Aber war es das, was Gott wollte? Irgendwie hegte ich noch einen geheimen Wunsch in meinem Herzen: Am liebsten hätte ich nach der Therapie gleich vollzeitlich in der Gemeinschaft mitgearbeitet und so Gott gedient. Aber das schien unmöglich, da ich ja gerade mal mit der Therapie fertig war. Außerdem hatte ich einen Haufen Schulden zu bezahlen. Im vollzeitlichen Dienst war nicht viel Geld zu verdienen, die Mitarbeiter waren auf Sachbezugsebene angestellt. Das bedeutet: Sozialversicherung, frei wohnen und essen und ein Taschengeld. Und vermutlich fehlte es mir an geistlicher Reife. Als ich dann gefragt wurde, noch während meiner Nachbetreuungszeit in dem kleinen Secondhand-Laden vom Wiedenhof mitzuarbeiten, hüpfte mein Herz. Gott hatte meinen Wunsch gesehen! So konnte ich in der Gemeinschaft bleiben und neben der Arbeit im Laden noch in der Stadtmission in Lüdenscheid mitarbeiten …

„Philippinen? Wo ist denn das? Das klingt aber weit!“, sagte meine Mutter. Sie schaute mich entsetzt an, als ich ihr erzählte, dass ich überlegte, dorthin zu gehen. Wir wollten mit einem Team der FCJG eine Drogenreha aufbauen. „Kannst du das nicht hier machen?“, fragte mein Vater. Meine Eltern hatten ihren Sohn nun endlich „vernünftig“ zurückbekommen. Sie waren nicht begeistert davon, ihn einmal um die halbe Welt fliegen zu lassen, ohne zu wissen, wann und wie er wiederkommen würde. Aber ich war mir sicher: Gott wollte mich in dem Team haben. Ich war noch nie über Europa hinaus gekommen und hatte keinen Schimmer, was mich am anderen Ende der Welt erwarten würde. Was ich gehört hatte, war: In Manila gibt es jede Menge Drogenabhängiger, aber kaum christliche Drogenrehas. Und da leben genauso viele Kinder auf der Straße, wie Lüdenscheid Einwohner hat!

Ich hatte so viel unverdiente Gnade von Gott und Unterstützung von Menschen erlebt, dass ich diese Hoffnung an andere weitergeben wollte. So ging ich 1991 mit neun Erwachsenen und fünf Kindern nach Manila. Dort erlebte ich, wie Gott mich versorgte und ich meine Schulden in Deutschland nach und nach bezahlen konnte.

Mittlerweile lebe ich seit sechzehn Jahren auf den Philippinen. Gott hat mir alles zurückerstattet, was ich durch meine Drogenabhängigkeit verloren hatte. Endlich habe ich das Leben gefunden, wonach ich immer gesucht hatte. Auch gesundheitlich geht es mir sehr gut.

In unserem Team war auch Petra. Eine wunderbare Frau, die mir zur besten Freundin wurde. Wir verliebten uns und heirateten 1995. Sie hatte inzwischen einen Dienst unter den Straßenkindern begonnen und hatte selbst drei Kinder von der Straße aufgenommen, deren Mutter an Tuberkulose gestorben war. Nach unserer Hochzeit wussten wir, dass Gott uns zu einer Familie machen wollte. Er ebnete uns den Weg und wir konnten die drei nach einem langen Prozess von insgesamt vier Jahren adoptieren. Wir leben im Herzen von Manila, arbeiten mit einem super Team unter Straßenkindern, Prostituierten und Drogenabhängigen und nehmen Hilfsbedürftige auf. Straßenkinder bekommen im *Father's House* ein neues Zuhause. Wir verkündigen das Evangelium unter den

Thomas, Mitarbeiter und „ihre" Kinder in Manila

Armen, die in Slums und auf den Straßen von Manila leben. Es ist für mich ein großes Vorrecht, Gott zu dienen und die Hoffnung und Liebe weiterzugeben, die ich selbst empfangen habe.

Mittlerweile sehe ich meine persönliche Lebensgeschichte auf vielfältige Art und Weise in vielen Menschen wiederholt, denen wir hier in Manila begegnen und dienen. Da ist z. B. J., der buchstäblich unter einer Brücke aufgewachsen ist. Wir lernten ihn als kleinen, verdreckten und frechen Jungen kennen. Er bedröhnte sich oft mit Klebstoff und lebte von der Hand in den Mund. Er war ein sogenannter *hardcore street boy*, für den niemand mehr Hoffnung hatte. Mit siebzehn zog er zu uns ins *Father's House* und konnte nicht einmal lesen und schreiben, weil er nie regelmäßig zur Schule gegangen war. Dann öffnete er sein Herz für Gott. Sein Leben veränderte sich total. Mittlerweile hat er das Lesen gelernt und ist ein treuer Mitarbeiter bei uns geworden, der sich wiederum um andere Kinder kümmert.

Wenn ich heute die runde Abszessnarbe auf meinem Unterarm anschaue, sehe ich ein Denkmal der Güte Gottes!

Imke U.

Hamburg, Hehler, Heroin

„Du kommst wohl aus Buxtehude ...!“ Volltreffer! Genau dort sind meine Zwillingsschwester und ich aufgewachsen, und bis zu unserem zwölften Lebensjahr hatten wir eine wirklich schöne Kindheit. Wir spielten viel im Wald und hatten Hobbys wie Reiten.

Doch irgendwann waren die Probleme nicht mehr zu übersehen. Zwischen meinen Eltern hatte es schon hier und da mal Spannungen gegeben. Als Freunde sie mit dem Glücksspiel Roulette vertraut machten, wurden die Spannungen deutlich massiver. Die Spielschulden wuchsen. Letztendlich mussten wir unser Haus verkaufen und umziehen. Zeitweise wohnte mein Vater nicht bei uns, da der finanzielle Druck die Beziehung meiner Eltern sehr belastete. Die Scheidung kam aber erst viele Jahre später.

In dieser Zeit nahmen wir in der Schule das Buch „Wir Kinder vom Bahnhof Zoo“ durch. Ein Buch, das von Drogen abschrecken sollte. Meiner Schwester und mir vermittelte es aber eher Abenteuer und Nervenkitzel. Wir wussten, dass unsere Oma noch vor unserer Geburt wegen Depressionen Selbstmord begangen hatte. Dann hörten wir, dass unsere Großtante aus dem Fenster gesprungen war, weil sie Krebs hatte. Wir, damals gerade mal dreizehn Jahre alt, sagten uns: Sollten wir je solche Ambitionen haben, würden wir erst Heroin spritzen, solange es Fun ist. Wenn dann die harte Seite der Abhängigkeit kommt, würden wir auch mit unserem Leben Schluss machen. Wir wussten nicht, welche Macht gesprochene Worte haben können ...

Der nächste Umzug führte uns nach Hamburg. Meine Schwester und ich drehten aus Neugierde eine Runde am Hauptbahnhof. Mal gucken, ob die Szene wirklich so ist, wie sie in dem Buch beschrieben wird. Fast jeden Tag nach der Schule zog es mich jetzt auf die Straße. Straßenmusiker, Punks und Alkoholiker wurden meine Freunde. Meine

Schwester lernte einen Mann kennen, mit dem sie die ersten Haschischerfahrungen machte.

Als wir sechzehn Jahre alt waren, kam sie eines Tages zu mir und sagte, sie habe jetzt auch Heroin ausprobiert. Ich hatte echt Angst um sie und dachte, sie würde sofort körperlich abhängig sein. Es verging aber einige Zeit, bevor sie wieder was nahm. Einer der Musiker, den ich toll fand, hatte jetzt ebenfalls angefangen zu spritzen. Deshalb war ich beim nächsten Schuss mit dabei. Das war für mich der Einstieg. Obwohl viele von den Leuten, mit denen ich immer rumhing, kifften, hatte ich selbst noch keine Drogen angerührt. Und jetzt: sofort Heroin. Damit war auch die Tür für sämtliche anderen Drogen geöffnet.

Meinen Realschulabschluss konnte ich noch zu Ende bringen und eine Ausbildung zur Apothekenhelferin anfangen. Ich zog dann mit gerade siebzehn Jahren zu meiner Zwillingsschwester, die sich schon ein Jahr vorher eine eigene Wohnung genommen hatte.

Jetzt wurden die Abstände, in denen ich Heroin spritzte, zusehends kürzer. Irgendwann war es mir auch egal, dass ich drauf war. Den Anschluss an das normale Leben hatte ich sowieso schon verpasst. Anfangs hetzte ich in den zwei Stunden Mittagspause in die Stadt, um mit Straßenmusikern in den U- und S-Bahnen Hamburgs Geld zu schnorren. Da meine freie Zeit aber sehr begrenzt war, schmiss ich die Ausbildung nach einem Jahr. Ich war jetzt körperlich voll abhängig und mein Drogenkonsum stieg.

Meine Schwester erzählte mir von ihrer neuen Masche, Geld zu machen: Sie spazierte in Kaufhäuser, ließ hochwertige Sportklamotten mitgehen und verkaufte sie dann in St. Georg an Hehler. Das probierte ich auch aus.

Das Herz klopfte mir bis zum Halse, als ich zum ersten Mal mit geklauter Ware Richtung Ausgang ging. Aber ich wurde nicht erwischt! Und so stieg ich ganz aufs Klauen um, da das gut Geld brachte. Natürlich wurde ich das ein oder andere Mal erwischt. Dann nahmen die Hausdetektive meine Personalien auf und erstatteten Anzeige. Das versuchte ich weitgehend zu verdrängen, aber im Hinterkopf wusste ich doch, dass sich die Anzeigen summierten. Und dann dachte ich: Bald gibt es einen großen Knall, alles wächst dir über den Kopf, und du landest im Knast …

Aber da war auch eine kleine Hoffnung, dass irgendwann, irgendwie doch noch eine Wende kommen würde.

Mit siebzehn Jahren geriet ich in St. Pauli an einen Drogendealer, der mich zu seiner Wohnung mitnahm, wo er Heroin gebunkert hatte.

Als wir dort ankamen, war er nicht alleine. Er wohnte mit seinen Kollegen zusammen. Und die kannten das Spielchen, das folgen sollte, wohl schon. Sobald ich die Wohnung betrat, drehte er den Haustürschlüssel um und ich war mit ihnen eingesperrt. Mir war klar, was jetzt kommen würde. Ich dachte nur: Bevor es brutal wird, probiere ich wenigstens, noch etwas mehr Heroin für mich rauszuschlagen. Der Dealer ging darauf ein. Es nützte mir nicht viel, denn das Zeug entpuppte sich als gestreckt, die erhoffte Dröhnung blieb aus. Als das Ganze vorbei war, dachte ich resigniert: So weit ist es gekommen, du hast dich verkauft! Ich fühlte mich wie eine Prostituierte. Erst Jahre später wurde mir bewusst, dass es eigentlich eine Vergewaltigung gewesen war.

„Prost!" – Imke als Teenager

Doch in meinem Inneren war eine Grenze gefallen. Als ich mal wieder verzweifelt versuchte, Geld aufzutreiben, und nichts lief, war es nur noch ein kleiner Schritt: Ich stand in St. Georg auf dem Straßenstrich und fuhr mit einem Freier mit. Ich weiß, ich wäre voll in dem Milieu gelandet, hätte Gottes erbarmende Hand nicht eingegriffen.

In dieser Zeit kamen Christen für ein paar Tage zum Hauptbahnhof. Sie wollten uns von der Liebe Jesu und seiner heilenden Kraft erzählen. Mitten auf der Drogenszene, wo wir alle rumhingen, bauten sie sich auf, direkt vor unserer Nase! Man konnte sie gar nicht ignorieren. Weil ich eh nix zu tun hatte, dackelte ich rüber, um zu gucken, was die so machten - Pantomime-Vorführungen usw. Sie hatten so viel Freude und wirkten so gesund, das war nicht zu übersehen. Und sie vermittelten Annahme. Eine Frau nahm sich besonders meiner an. Sie kaufte mir am Kiosk was zu trinken und zeigte mir Leute, deren Leben Jesus zum Guten verändert hatte. Ich war verwundert, dass jemand, der mich gar nicht kannte, so nett zu mir war.

Bei dem Angebot für Kranke zu beten, fragte ich provozierend, ob Jesus mich denn auch von Heroinsucht befreien könne. „Na klar!", war ihre Antwort und sie beteten mit mir. Ich war von der Botschaft, dass Jesus unser Retter ist, angesprochen, ging danach aber dennoch meine alten Wege.

Die Christen hatten uns nicht vergessen. Eines Tages klingelte es an unserer Tür. Ich schaute durch den Spion und da stand die Frau aus der Gemeinde, die so nett zu mir gewesen war! Diese nette, saubere Christin … und meine fürchterlich chaotische, verdreckte Wohnung! Das war mir einfach zu peinlich – ich machte nicht auf.

Imke und ihr Zukünftiger …

Die Gemeinde betete viel für meine Schwester und mich und sie blieben in Kontakt mit uns. Dann wurde meine Schwester beim Klauen erwischt und musste mit aufs Polizeirevier. Zufällig marschierte ich eine Stunde später ins gleiche Kaufhaus, ebenfalls auf Klau-Tour. Ich hatte schon was eingesackt, als der Kaufhausdetektiv mich ansprach: „Was machen Sie denn schon wieder hier?“ Mir war sofort klar, dass er mich mit meiner Schwester verwechseln musste, und das sagte ich ihm auch. Was ihn aber nicht davon abhielt, mich zu durchsuchen. Tja, so landete ich also auch auf dem Revier. Der nette Kripo-Beamte dort meinte, wenn er uns laufen ließe, ginge mit uns doch sowieso alles weiter wie gehabt. Deshalb würde er uns in U-Haft stecken. Vielleicht würden wir ihm irgendwann dafür dankbar sein. „Jo, alles klar!!!“, dachten wir. Aber er hat recht behalten.

In den zwei Monaten Untersuchungshaft besuchten uns nämlich die Christen und erzählten uns vom Haus Wiedenhof, einer christlichen Therapie in Lüdenscheid. Ich wusste: Wenn sich je was ändern soll in meinem Leben, dann muss ich jetzt etwas tun. Also bewarb ich mich um eine Therapie im Wiedenhof, meine Schwester auch. Jetzt, wo ich mir die Birne nicht mehr mit Drogen zudröhnte, stieg auch meine Sehnsucht, die Liebe Jesu zu erfahren, von der die Christen so viel erzählt hatten und die ich ja auch schon ein bisschen gespürt hatte. Dort im Gefängnis bat ich Gott, mich ihn erleben zu lassen.

Kurz nach der Entlassung konnten wir zum Kontaktgespräch nach Lüdenscheid fahren. Wir bekamen die Zusage. In zwei Wochen könnten wir kommen. Diese kurze Zeit reichte aus, wieder rückfällig zu werden. Einmal hätte ich mir fast eine Überdosis gesetzt. Im Nachhinein sehe ich den geistlichen Kampf dahinter: Jetzt, wo wir im Begriff waren, ein neues Leben zu beginnen, war es, als wollten die Sucht und der Tod uns festhalten.

Dann ging ich mit den Christen in Hamburg zu einem Gottesdienst. Während der Anbetung schrie ich in meinem Herzen zu Gott. Auf einmal kam ein Strom der Liebe über mich und ich wusste: Jesus ist da. Etwas Entscheidendes ist passiert. Jesus ist in mein Leben gekommen! Am gleichen Abend log ich, wie so oft, meine Schwester in irgendeiner Sache an und wusste sofort: Das geht jetzt nicht mehr. Ich stellte meine Aussage richtig.

Am nächsten Tag ging es los in den Wiedenhof. Ich hatte etwas Angst vor dem Neuen, wusste aber, dass Jesus bei mir war. Die Angst erwies sich als unbegründet, denn die Leute waren total nett. Ich habe mich schnell wohlgefühlt und wusste: Hier wollte ich bleiben und lernen, Jesus nachzufolgen. Leider ging meine Zwillingsschwester nach einer Woche zurück nach Hamburg. Sie meinte, sie bräuchte keine Therapie. Einen Monat später war sie wieder auf Heroin. Weil es mir immer besser ging, dachte ich manchmal, ich müsste nach Hamburg, ihr helfen. Doch ich musste lernen, Gott zu vertrauen und sie in seine Hände zu geben. Das war nicht leicht, aber sehr wichtig. Heute ist sie Gott sei Dank nach mehreren Anläufen auch frei von Drogen.

Die morgendlichen Andachten im Wiedenhof waren immer sehr alltagsbezogen. Oft habe ich mich gefragt, woher die Mitarbeiter wussten, wie es in meinem Herzen aussah. In den Anbetungszeiten kam die Liebe Gottes immer wieder überwältigend in mein Leben. Wenn wir am Wochenende Ausflüge ins Grüne machten, überkam mich oft eine tiefe Dankbarkeit, dass es mir jetzt so gut ging.

Es ging aber auch ans Eingemachte: meine Sünden bekennen, mein Leben aufräumen, anderen vergeben. Eine Situation ist mir noch sehr klar vor Augen: Irgendwas war mir schräg reingegangen und wie üblich wollte ich innerlich völlig auf Rebellion schalten, mich rechtfertigen und mich rausreden. Doch es war, als wäre plötzlich ein Hebel umgelegt und ich sah alles mit ganz anderen Augen. Statt wie üblich die Fehler der anderen anzuklagen, erkannte ich nun mein eigenes Herz und meine eigenen Fehler. So etwas nennt man wohl Buße. Sofort spürte ich sehr intensiv Gottes Liebe und merkte, dass er zu mir sagte: „Ich nehme das Herz aus Stein weg und gebe dir ein Herz aus Fleisch.“ Das war ein richtiger Meilenstein auf dem Weg des Heilwerdens.

Ich las viel in der Bibel, unter anderem über den Preis der Nachfolge. Das beschäftigte mich sehr. Damals traf ich die Entscheidung, Jesus zu folgen. Egal was das im Einzelnen bedeuten sollte, und auch wenn’s unbequem sein würde. Diese Entscheidung hat mich getragen durch Zeiten, in denen es dann wirklich schwierig und unbequem wurde. Als ich Jesus fragte, was denn sein Wille für mein Leben sei, kam die Antwort prompt: „Sage nicht, ich bin zu jung, sondern gehe, wohin ich dich sende …“ Und das wurde recht abenteuerlich.

Nach der Therapie zog ich ins Missionshaus. Das ist ein Haus in Lüdenscheid, in dem gestrandete Leute Zuflucht finden können. Anfangs arbeitete ich noch halbtags in einem Altenheim, um die Schulden aus meiner Vergangenheit abzuzahlen. Dann übernahm ich die Küche des Missionshauses. Dort war immer was los: Die Leute gingen ein und aus, man war mitten im Geschehen. Obdachlose kamen von der Straße, um sich bei Kaffee und belegten Brötchen aufzuwärmen. Mitarbeiter von der Stadtmission machten Zwischenstopp, um ein zweites Frühstück einzunehmen, und mitlebende Hilfesuchende lernten in der Küche, einem normalen Alltagsrhythmus nachzugehen. Über mehrere Jahre teilte ich mein Zimmer mit Drogenabhängigen, Depressiven, Alkoholikerinnen und anderen Frauen in Not. Das war eine gute Vorbereitung für die nächste Etappe …

Immer wieder sprach Gott zu mir über Weltmission. Um dem nachzugehen, machte ich einen Kurzzeiteinsatz auf den Philippinen. Ein Jahr später ging es wieder für ein paar Wochen nach Asien, diesmal nach China. Betend folgten wir dem sogenannten „Langen Marsch“, den Mao Tse-tung vor seiner Machtübernahme und dem Einzug des Kommunismus gelaufen war. Zu Fuß wanderten wir in kleinen Teams über Berge und durch Täler, durch abgelegene Dörfer, unter einfachsten Bedingungen und immer im Gebet für dieses riesige Land. Irgendwo hoch in den Bergen Chinas fragte Gott mich, ob ich bereit wäre, alles loszulassen, um ihm nachzufolgen. Dort in der Ferne standen mir die Kosten recht real vor Augen. Es hieße, mein neu gewonnenes Zuhause in Lüdenscheid und all die Leute, die mir lieb geworden waren, aufzugeben, um in etwas Unbekanntes zu gehen.

Ich wusste, dass Gottes Pläne für mich gut sind und er an allen Orten bei mir sein würde. So sagte ich Ja. Neun Monate darauf saß ich im Flieger

Richtung Hongkong, um zwei Jahre in Jackie Pullingers Arbeit unter Drogenabhängigen mitzuarbeiten. Und wieder wusste ich: Jesus ist bei mir.

Aus den geplanten zwei wurden dann acht Jahre in Hongkong.

In den sechs Rehabilitationszentren, in denen alle naselang die Mitarbeiter wechseln, wird den ganzen Tag Chinesisch gesprochen. Leute aus allen Kontinenten und verschiedenen Hintergründen arbeiten dort mit. Man teilt sich die Zimmer mit mehreren Asiaten, die zur Therapie da sind. Fast rund um die Uhr hat man engste Gemeinschaft mit den Rehabilitanden und Mitarbeitern. Eine Mittagspause oder Ähnliches gibt es nicht. Es ist wie in einer Großfamilie, in der immer wieder neue Leute aufgenommen werden. Ständig kamen neue Drogenabhängige in unser Haus, die wir dann durch den Heroinentzug begleiteten. Tag und Nacht waren wir an ihrer Seite, beteten für sie und kümmerten uns um ihre Bedürfnisse. So manches Mal erlebten wir dabei Wunder! Sie wurden von Schmerzen befreit oder fielen gegen alle Norm in einen friedlichen Schlaf.

Imke mit Straßenkindern in China

Aber es gab auch Stürme. Besonders Frauen, die zusätzlich medikamentenabhängig und verwirrt waren, flippten manchmal aus. Eine von ihnen knallte eines Nachmittags plötzlich die Gitarre gegen den Fernseher. Dann brach sie die Gläser aus ihrer Brille und versuchte sich damit die Pulsadern aufzuschneiden. Auf Methadonentzug haute eine andere ihren Kopf gegen die Wand, bis er blutete. In solchen Fällen war besonders viel Aufmerksamkeit, Liebe und Gebet von uns gefragt.

Dann war es immer eine Freude zu sehen, wie auch Rehabilitanden anfingen, Verantwortung für ihre Mitmenschen zu übernehmen. Da zeigte sich, dass der praktisch gelebte Gottesdienst schon in der Therapie anfangen kann.

Ein besonderes Privileg war es für mich, vier Jahre lang regelmäßig mit einem Team über die Grenze von Hongkong nach China zu gehen, um dort Straßenkinder zu besuchen. Viele dieser Kinder haben Jesus in ihr Leben aufgenommen und seine reale Hilfe erfahren. Denn menschlich gesehen sind sie die Unterprivilegierten Chinas. Sie sind oft das zweit- oder drittgeborene Kind in einer Familie, die in ärmlichen Verhältnissen auf dem Land lebt. In einem Regime mit Einkindpolitik müssen die Eltern ein Bußgeld bezahlen, um Papiere für jedes weitere Kind zu erwerben. Ohne diese Papiere wird ein Schulbesuch ab der vierten Klasse sehr teuer.

Da die Bauern das Bußgeld häufig nicht aufbringen können, nehmen sie die Kinder mit neun Jahren einfach aus der Schule. Damit sie dann noch etwas „Sinnvolles“ tun, werden manche der Obhut eines Erwachsenen anbefohlen, der sie in irgendeine Stadt bringt, damit sie dort Geld erbetteln. Den Großteil des Geldes behält der Erwachsene, einen kleinen Rest bekommen die Eltern ausgezahlt. Immer wieder werden diese Kinder kurzfristig verhaftet und eingesperrt, da sie sich illegal in den Städten aufhalten. Dann kommt der Erwachsene, für den sie betteln, und kauft sie wieder frei.

Nachdem wir eine Beziehung zu den Leuten und „ihren“ Kindern aufgebaut hatten, durften wir einmal wöchentlich mit einer ganzen Schar von Kindern in nahe gelegene Parks gehen. Dort gab es neben Essen und Spielen Geschichten von Jesus zu hören und die Kinder konnten für sich beten lassen. Oft erzählten sie uns von Gebetserhörungen. In einem Fall konnten wir ein Mädchen in ihre Provinz zurückbringen und das Schulgeld für sie zahlen.

Eines Tages lernten wir in China eine drogenabhängige Frau kennen. Sie bekehrte sich und durfte nach Hongkong kommen, da sie dort Verwandtschaft hatte. Obwohl Hongkong seit 1997 zu China gehört, gelten scharfe Einreisebestimmungen für Chinesen aus dem Rest des Landes. Sie durchlief die Therapie bei uns erfolgreich und schloss sich einem stadtmissionarischen Team an. Unter anderem ging sie mit einem Team nach China, um dort zu evangelisieren. So war sie für ihr Heimatland ein lebendiges Zeugnis dafür, wie Gott Menschen verändern kann.

Nach acht Jahren Dienst in Hongkong bin ich dann erst mal nach Lüdenscheid zurückgekommen um neu aufzutanken. Jetzt wohne ich schon wieder drei Jahre hier. Drei Jahre, in denen Gott mich sehr reich beschenkt hat.

Zum ersten Mal genieße ich jetzt das Privileg, eine eigene Wohnung zu haben. Ich habe mich verlobt und werde bald heiraten. Gemeinsam möchten wir irgendwann nach Asien gehen und dort am Bau des Reiches Gottes mitarbeiten.

In den letzten Jahren fuhr ich regelmäßig mit einem Team ins Dortmunder Rotlichtviertel. Bei Kaffee und Brötchen konnten wir den Frauen dort von Jesus erzählen. Hätte Jesus mich nicht vor siebzehn Jahren in Hamburg gerettet, stände ich jetzt wahrscheinlich wie sie auf dem Straßenstrich. Oder ich wäre längst an einer Überdosis gestorben.

Kai B.

Kneif mich mal – ich glaub, ich träume!

Eigentlich hatte ich eine ganz normale Kindheit. Oder …? Ich wurde 1976 in Lüdenscheid geboren und wuchs mit meinen zwei Geschwistern auf (später kamen noch ein paar Halbgeschwister dazu). Unser Vater ging arbeiten und unsere Mutter war zu Hause, Hausfrau und Mutter halt. Wir wohnten am Stadtrand von Lüdenscheid. Die Umgebung war vielseitig: Wiesen, Wald, ein Teich – ein Paradies für Kinder! Einmal machten wir ein Feuerchen – und hätten damit fast den Wald abgefackelt. Unser kleines Feuer geriet nämlich etwas außer Kontrolle. Mit ganzem Einsatz und mit Hilfe von Decken und Schuhen konnten wir es ohne weitere Schäden löschen. Uff, gerade noch mal gut gegangen!

Das alles wäre eigentlich sehr schön gewesen. Doch bei uns zu Hause herrschte immer ein eher kühles Klima. Zwar versuchten die Eltern alles zu tun, um für uns da zu sein, besonders meine Mutter. Doch die Beziehung war kühl und distanziert. Ich kann mich nicht erinnern, dass mein Vater mal über Persönliches geredet oder Gefühle gezeigt hätte. Nur ganz selten einmal nahm er uns auf den Arm.

Als ich etwa sechs war, ließen sich meine Eltern scheiden. Für uns Kinder war das echt schlimm. Wir verstanden das nicht. Klar, wir hatten schon mitgekriegt, dass sich unsere Eltern öfters stritten. Aber warum scheiden lassen??? Jeder von uns hat es anders verarbeitet … oder auch gar nicht. Für mich war auf jeden Fall eine Welt zusammengebrochen. Plötzlich wohnte Papa nicht mehr bei uns. Die anderen Kinder im Kindergarten sagten, ich hätte gar keinen Vater. Aber ich hatte doch einen, oder? Ich fühlte mich einfach nur schlecht.

Von meinen Verwandten und meiner Mutter hörte ich, dass ich jetzt der Mann im Hause wäre. Dass ich stark sein sollte, dass wir es schon schaffen würden. Ich versuchte, stark zu sein und es zu schaffen. Ich war ja auch ein ganz robustes Kerlchen. Aber gerade mal sechs Jahre alt, ein kleiner Junge, dessen Welt zusammengebrochen war.

Ab da hab ich geglaubt, ich bin ein Loser, ein Verlierer, weil ich den Aussagen der Erwachsenen nicht gerecht wurde. Es war sehr verwirrend für mich: Einerseits sollte ich „der Mann im Haus“ sein, im nächsten Augenblick war ich aber wieder „der Kleine“. Wer war ich denn nun? Jetzt wollte ich keine körperliche Nähe mehr, denn das braucht ein Mann ja nicht. Auf jeden Fall hatte ich das so bei meinem Vater gesehen – obwohl ich mir sehr gewünscht hätte, öfters mal bei ihm auf dem Schoß zu sitzen.

Eines Tages wurde ich von einem Jugendlichen angesprochen, ob ich mit ihm kommen wollte. Ich dachte mir nichts dabei, schließlich kannte ich ihn. Na ja, was dann kam, war nicht so toll. Wir gingen zu einem Versteck und unterhielten uns erst. Doch dann verlangte er ein paar Dinge von mir, die nicht gut sind für ein Kind. Das war mein erster sexueller Kontakt. Jedes Mal, wenn ich dem Jungen begegnete, gab er mir das Gefühl, dass ich schuld war.

Ich war enttäuscht vom Leben und von den Erwachsenen. So werden wie die Erwachsenen, die einen verlassen, anlügen, vertrösten und enttäuschen – nein danke!

Als ich in die fünfte Klasse kam, zogen wir von Lüdenscheid nach Meinerzhagen, einer Kleinstadt in der Nachbarschaft. Neuer Ort, neue Menschen, neue Schule – alles war fremd. Wir kamen nicht von dort, also gehörten wir nicht dazu, das wurde uns unmissverständlich rübergebracht.

Alles Mögliche habe ich ausprobiert, nur um dazuzugehören: Mal war ich Punk, mal Grufti, mal einfach nur ein Asi, mal ’ne Glatze. Ich war vieles und doch nichts. Das Gefühl, nirgendwohin zu passen und anders zu sein, blieb.

Mein Bruder hatte Draht zu ein paar älteren Jungs, die im Freibad kifften. Das klang interessant. Die Neugier war geweckt, das wollte ich auch mal testen. Einer von diesen Typen wohnte – welch glücklicher Zufall – im gleichen Haus wie wir. Eines Abends besuchte ich ihn. Komisch, ich merkte gar nichts, als wir was gekifft hatten. Doch auf einmal wurde mir so schlecht, dass ich eine ganze Ewigkeit „den Pott umarmt hielt“ und mir die Seele aus dem Leib kotzte … Tolle Drogenerfahrung, na ja … Trotzdem kiffte ich wieder und wieder. Bald gewöhnte sich mein Körper an das Zeug und ich hatte genauso viel Spaß wie die anderen. Vierzehn war ich damals. Sehr bald konsumierte ich regelmäßig Alkohol und Haschisch. Damit konnte ich den Alltag und meinen Schmerz hinter mir lassen und eine tolle Zeit haben. Und ich konnte endlich mal wieder lachen. Außerdem hatte ich die verschiedensten Beziehungen, immer mehr Grenzen fielen. Sie endeten alle im Chaos.

Während meiner Lehrzeit als Dachdecker kam ich zu anderen Drogen, die mir auch nicht schlecht gefielen: chemische Drogen wie XTC und LSD. Ich schluckte und rauchte alles, was ich in die Finger kriegen konnte. Kiffen und Saufen gehörten längst zu meinem Alltag. Zwischendurch knallte ich mir mehrere Tage hintereinander exzessiv die Birne zu. Alles war mir willkommen, ganz egal, ob ich dabei draufgehen konnte. Mein ganzes Denken und Verhalten veränderte sich. Einerseits glaubte ich an alles, andererseits stellte ich alles in Frage – völlig abgedreht. Die ach so schön begonnene Zeit wurde mehr und mehr zur Hölle. Inzwischen konsumierte ich oft alleine, war gar nicht mehr so viel mit Leuten zusammen. Zwar ging ich immer noch auf Technopartys, war aber total zum Einzelgänger geworden. Familie und Freunde zählten nicht mehr, die Entfernung wurde unüberbrückbar. Ich litt unter Verfolgungswahn, Depressionen und extremer Einsamkeit. Ich sah und hörte Dinge, die gar nicht da waren, selbst wenn ich nichts genommen hatte.

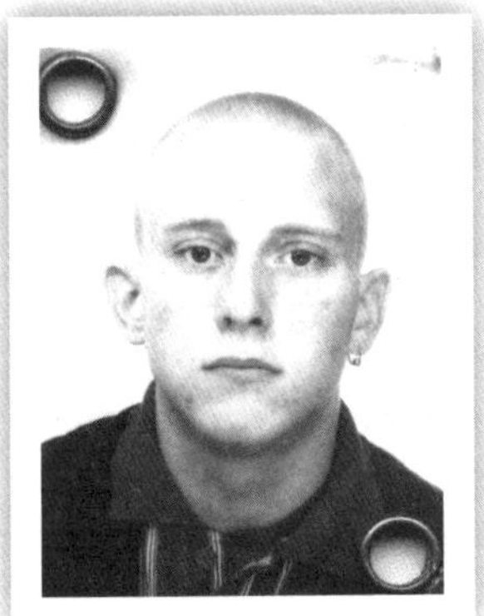

Kai in seiner Drogenzeit: Nix zu lachen

Nun kann man sich fragen, ob meine Mutter in der ganzen Zeit nie was mitgekriegt hat. Doch, klar wusste sie Bescheid. Meine Veränderung war ja nicht zu übersehen: wie ich redete, wie sich mein Äußeres veränderte. Ich hatte extremes Untergewicht, mein Gesicht glich immer mehr einem Totenschädel. Die Klamotten wurden auch zunehmend schlampiger.

Meine Mutter versuchte immer wieder, mir ins Gewissen zu reden. Nächtelang. Ich wusste, dass sie recht hatte. Aber ich wollte und konnte nicht mehr aufhören – ich war süchtig. Oft stritten wir deswegen. Irgendwann entschloss ich mich, gar nicht mehr auf meine Mutter zu hören, geschweige denn mir von irgendeinem anderen Erwachsenen etwas sagen zu lassen. Keine Ratschläge und erst recht keine Ermahnungen. Also zog ich aus in einen Kellerraum, der klein, aber mein war.

Ich spürte, dass ich dem Tod nahe war. Es war wie ein Spiel, das ich begonnen hatte und zu Ende bringen musste. Mehr als einmal hatte ich auf Drogen Herzaussetzer, aber das fand ich gar nicht so schlimm.

Die Lehre brachte ich dennoch zu Ende, kündigte aber kurz danach. Die nächste Stelle wurde mir gekündigt. Jetzt gab es gar keinen Halt mehr. Irgendwie verbrachte ich die Tage – ob mit Arbeit oder ohne, das spielte keine Rolle.

Ich hatte mich schon immer gefragt, was der Sinn des Lebens ist. Esoterik, der Glaube an Steine, Zauber- oder Druidenkulte – nichts gab mir Antworten. Ich wurde nur noch verrückter.

Zweimal begegnete Gott mir, beide Male auf Drogen. Beim ersten Mal hatte ich Herzversagen. Ich sah das helle Licht, von dem viele Nahtoderfahrungen berichten. Eine Stimme sagte mir, dass meine Zeit noch nicht gekommen sei, ich solle zurückgehen. Ich wusste damals nicht, dass das Gott war. Doch dieses Erlebnis konnte ich in der ganzen Zeit der Sucht nicht mehr vergessen. Ein anderes Mal hörte ich innerlich eine Stimme, die sagte, ich solle aufhören mit den Drogen. Das war so eindrücklich, dass ich danach tatsächlich die Finger von den chemischen Drogen ließ. Allerdings kiffte ich weiterhin. Später, als ich Gott kennenlernte, erkannte ich, dass es seine Stimme gewesen war.

Eines Tages arbeitete ich bei jemandem auf dem Dach. Der Typ war der Freund von einem Bekannten. Besagter Bekannter hatte ihm von meinen Problemen erzählt. Als die Arbeit erledigt war, schenkte er mir ein Holzkreuz und meinte: „Ich weiß nicht, an was du glaubst, aber wenn es dir mal schlecht geht, sag doch einfach: Jesus, wenn es dich wirklich gibt, dann hilf mir." Also bitte, an so einen Mist kann doch keiner glauben, dachte ich nur.

Doch bald ging es mir mal wieder saudreckig. Heulend und deprimiert hockte ich auf meinem Sofa und wusste weder ein noch aus. Da fiel mir plötzlich ein, was dieser Typ gesagt hatte. Ich kam mir schon etwas bescheuert vor, als ich die Worte wiederholte und wartete, dass etwas passierte. Und was passierte? Gar nichts! Alles war genau wie vorher. Nicht nur das, es wurde sogar noch schlimmer.

Ich versuchte bei der Drogenberatungsstelle in Lüdenscheid Hilfe zu bekommen und entschloss mich, eine Therapie zu machen. Doch als das Therapieangebot nicht meinen Vorstellungen entsprach, ging ich nicht mehr zur Suchtberatung. Ich lebte weiter wie gewohnt: Drogen, Alkohol und Sex. Mein Zustand wurde immer schlimmer, ständig hörte ich Stimmen, hatte krassen Verfolgungswahn und konnte ohne Licht gar nicht mehr schlafen.

In dieser Zeit machte ich mir Gedanken über Selbstmord. Manchmal dachte ich bei der Arbeit auf dem Dach: Wie wäre es wohl, wenn ich noch einen Schritt machte? Wie fühlt es sich wohl an, wenn man unten aufschlägt? Nur ein kleiner Schritt, und endlich ist alles vorbei … Die Angst hielt mich ab, diesen Schritt zu tun.

Doch eines Abends war ich reichlich besoffen und die Gedanken plagten mich. Draußen regnete es – und mir kam alles noch viel bedrückender vor. Ich packte mein Zeug zusammen, Schlafsack, Holz für ein Feuer und ein Messer. Meine Idee war: Ich saufe noch etwas, lege mich beim Feuer in den Schlafsack und schneide mir die Adern auf. Einfach einschlafen. Ewig schlafen.

Als ich mein Ziel fast erreicht hatte, stolperte ich über eine Kette. Mit einem Schlag war ich nüchtern. Kai, was machst du da für einen Mist?, schoss es mir durch den Kopf. Die ganzen Selbstmitleids- und Selbstmordgedanken waren weg. Kurzerhand ging ich wieder nach Hause.

Ich hätte nun jede Hilfe angenommen, so verzweifelt war ich. Wieder bewarb ich mich über die Drobs um einen Therapieplatz. Meine Daten wurden aufgenommen; jetzt hieß es abwarten, wohin es mich verschlagen würde. Auf dem Weg nach Hause wollte ich mir einen Kaffee genehmigen und kehrte beim nächstbesten Café ein. Als ich drinnen war und das Klientel sah, dachte ich sofort: Das ist aber kein normales Café! Einer der Mitarbeiter erklärte mir, dass dies ein Obdachlosen-Café sei. Ich könne aber trotzdem gerne was trinken. Wir sprachen ein bisschen miteinander. Ich dachte: Komisch, die Leute sind so freundlich, so anders. In unserem Gespräch brach alles aus mir heraus. Meine ganze desolate Situation breitete ich vor diesem Wildfremden aus. Irgendwann sagte er zu mir: „Wenn du willst, helfen wir dir aus deinen Problemen heraus." Mir kamen die Worte in den Sinn, die mir jemand an dem Morgen gesagt hatte: „So geht es nicht weiter, du musst etwas für dein Leben tun." Ich wusste: Das ist meine Chance! Ich konnte die nächsten Tage im Café übernachten. Das tat mir gut. Obwohl es dort oft chaotisch und laut zuging, fühlte ich mich von Tag zu Tag besser. Ich hatte viel mehr Ruhe als sonst. Es war, als wäre ich in einer Oase, wo ich mich ausruhen konnte von meinem Leben. Schon am ersten Tag hatte ich mitbekommen, dass die Leute vom Café Christen waren. Das störte mich nicht.

Eine Woche später boten sie mir an, mit in den Gottesdienst zu kommen. Ich war neugierig und skeptisch zugleich. Als der Gottesdienst losging, wäre ich am liebsten sofort wieder abgehauen, weil es mir so naheging. Alles war so anders. Lebendig, anders als ich es aus der Kirche kannte. Keine Orgel, keine Kirchenbänke. Stattdessen eine Band, die auf der Bühne spielte. Die Leute sangen mit und sahen dabei fröhlich aus.

Mir kam alles so unwirklich vor. Die ganze Atmosphäre war schön und freundlich. Negative Atmosphäre war mir sehr vertraut, aber das hier überwältigte mich. Dann die Predigt: Bernd Mette, der Leiter der Drogenreha, sprach über Jesus. Das ging mir total rein. Ich war so berührt von dem, was er sagte, dass ich dort auf meinem Stuhl Rotz und Wasser heulte. Da kam so viel Hoffnung rüber. Die Möglichkeit, mit Jesus ganz von vorne anfangen zu können. Dass Jesus für mich gestorben ist, dass er der Weg in die Freiheit ist, all meine Schuld auf sich genommen hat. Mein Wunsch war es doch, noch einmal von Neuem anfangen zu können. Es schien tatsächlich möglich zu sein – durch Jesus! Nach der Predigt wurde gefragt, ob jemand sein Leben Jesus anvertrauen wollte. Der könne nach vorne vor die Bühne kommen, um diese Entscheidung deutlich zu machen und für sich beten zu lassen. Ich wusste, dass ich gemeint war. Ich ging nach vorne zu dem Kreuz, fiel auf meine Knie und heulte und heulte. Es war die Kapitulation meines Lebens vor dem Kreuz. Ich gab Jesus den Schrotthaufen meines Lebens. Er antwortete darauf, indem ich seine Liebe spüren konnte, eine so tiefe Liebe, wie ich es noch nie erlebt hatte. Bedingungslose Liebe. Ich wusste, dass mir alles vergeben war.

Kai in Erfurt

Für die nächsten drei Monate zog ich ins Missionshaus ein, eine Lebensgemeinschaft, die gestrandete Leute wie mich aufnahm. Seit dem Abend, an dem Jesus in mein Leben gekommen war, hatte etwas Neues begonnen. In einem Augenblick war ich frei geworden von dem Verlangen nach Zigaretten, Drogen und Alkohol. Ein Wunder! Doch in meinem Inneren hatte vieles extreme Schieflage. Ich merkte: Wenn die Freiheit von Dauer sein sollte, musste ich meine alten Gewohnheiten und Denkmuster gründlich loswerden. Also bewarb ich mich vom Missionshaus aus um eine Therapie im Wiedenhof, nur wenige Häuser weiter.

Dort lernte ich, mit Problemen, Konflikten und Schmerz umzugehen, ohne mich mit Drogen zu betäuben. Es war eine echt gute und heilsame

Zeit. Weil ich selber Vergebung erlebte, konnte ich den Menschen vergeben, die mir wehgetan hatten. Daraus wurde ein Lebensstil, den ich bis heute übe: Weil Jesus mir vergibt, kann ich anderen vergeben, und es sammeln sich keine neuen Wunden und Verbitterungen an, die nach Betäubung schreien.

Durch das gemeinsame Leben und Arbeiten habe ich auch gelernt, wieder mit Menschen umzugehen und mich für sie zu öffnen. Jesus zeigte mir oft, wo ich verkehrt lag, und gleichzeitig, wie ich mich ändern konnte. Es war immer ohne Druck, eher wie eine sanfte Aufforderung. Ich konnte mich frei entscheiden, ob ich das umsetzen wollte, was er mir zeigte, oder nicht. Durch das Lesen in der Bibel oder durch Menschen habe ich verstanden, was er von mir wollte. Die Art und Weise, wie Gott redete, war nie abgedreht, sondern bodenständig und klar. Manchmal redet er durch Bilder zu mir, die etwas verdeutlichen und illustrieren. Es ist, als wenn ein weiser Mann etwas bildlich aufzeigt und man einfach weiß, was er meint.

Den Kontakt zu meiner Familie habe ich während der Reha wieder aufgenommen. Auch zu meinem Vater, was nicht selbstverständlich war. In erster Linie wollte ich mich dafür entschuldigen, dass ich mal sein Auto demoliert hatte. Aber außerdem wollte ich ihn kennenlernen, ihn und seine neue Familie, meine drei Halbgeschwister. Mittlerweile haben wir regelmäßigen Kontakt.

Ich hatte mir immer gewünscht, dass er mich mal in den Arm nimmt. Er kam mich besuchen, ich glaube, es war an meinem Geburtstag. Beim Verabschieden nahm er mich in den Arm. Das war das fetteste Geschenk, das ich von ihm bekommen konnte. Ich fühlte mich wieder wie sein Sohn!

Auch äußerlich war mein Leben ein einziges Chaos. Ich musste lernen, Behördengänge zu machen, statt sie endlos vor mir herzuschieben. Ich weiß noch genau, wie ich zur Sparkasse ging, um meinen Schuldenberg in Angriff zu nehmen. Vor Aufregung war ich nass geschwitzt. Ich fühlte mich so unbeholfen und unsicher. Es war einfach nur schlimm. Die Sparkassenangestellte war freundlich und nett. Doch erst als alles geregelt war und ich wieder draußen stand, ging es mir besser. Dieses „Erfolgserlebnis“ hat mich ermutigt, weiter Verantwortung für mein Leben zu übernehmen.

Bei all dem haben mir die Mitarbeiter vom Wiedenhof geholfen – durch Ratschläge, seelsorgerliche Gespräche, Korrektur und Ermutigung. Nach der Therapie war ich noch eine ganze Zeit in der Nachsorge, wo ich weiter lernte, den Alltag zu meistern. Das Zusammenleben in der WG, die Arbeit als Dachdecker, die praktischen Dinge des ganz normalen Lebens … durch manches musste ich mich richtig durchbeißen.

Als die Nachsorge-Zeit zu Ende ging, lebte ich in verschiedenen WGs der FCJG mit anderen Christen zusammen. Nach Feierabend engagierte ich mich in einem Team, das sich um Teenager kümmerte. Ein geregelter Job, gute Beziehungen, Leben in Gemeinschaft, Jugendlichen zu helfen – das alles waren früher nur unerreichbare Träume gewesen.

Ein besonderes Highlight in dieser Zeit war ein Missionseinsatz in Kasachstan. Das war echt toll, mein erster Auslandsaufenthalt. Seit ich Jesus kennengelernt hatte, wollte ich Menschen von ihm erzählen. Ich war überwältigt von dem Land, das so ärmlich und doch so wunderschön war. Eine Liebe für die Ostblock-Länder wuchs in mir sowie der Wunsch, ganz für Jesus zu leben und zu arbeiten.

Zurück in Deutschland. Nach drei Jahren Arbeit als Dachdecker war es so weit: Zwei Jahre lang besuchte ich die MAS, die Schule für Evangelisation und Weltmission der FCJG. Es war eine echt fette Zeit: Einsätze in Süd-Ost-Europa und in der Mongolei, Evangelisation im Ruhrgebiet usw. Bei diesen Einsätzen habe ich Wunder miterlebt, wie sie in der Bibel beschrieben sind. Leute, die blind waren, konnten wieder lesen. Eine junge Frau konnte nach Gebet aus ihrem Rollstuhl aufstehen und wieder laufen. Wow!

Ich war ja auf die Schule gegangen, weil ich herausfinden wollte, wo und wie ich mein ganzes Leben Gott zur Verfügung stellen konnte. Gelandet bin ich in Erfurt, am „Roten Berg“, einem Randgebiet der Stadt. Nach einem Einsatz hatte sich ein Team formiert, um hier die Kontakte zu Jugendlichen und Kindern weiterzuverfolgen. Inzwischen besteht das Team aus sieben Leuten, verteilt auf verschiedene Wohnungen. Jeder von uns hat seine eigene Geschichte, wie sein Leben durch die Liebe Gottes verändert wurde. Das können wir den Leuten weitergeben und sie ermutigen, diesen Gott kennenzulernen. Wir laden Leute zum Essen ein, Obdachlose können sich bei uns waschen und rasieren. Wenn wir können, geben wir ihnen auch Kleidung. Oder wir organisieren Veranstaltungen, z. B. für Kinder oder Teenager. Unser Anliegen ist dabei immer, den Menschen etwas Gutes zu tun und ihnen Jesus näherzubringen.

In der Anfangszeit in Erfurt war ich oft wie ein Träumender: Ich dachte, jetzt wachst du auf und alles ist wie früher, alles nur ein Traum! Aber ich träume nicht, sondern darf meine Träume leben! Ich kann den Kindern und Jugendlichen ein Vorbild sein. Klar, das ist hier nicht nur

Zuckerschlecken; ich durchlebe auch manche Krise. Aber ich betäube mich nicht mehr mit Drogen, Alkohol, Sex und was es noch so gibt. Mein Freund, dem ich mein Leben verdanke, steht mir zur Seite und ermutigt mich – Jesus. Die Erneuerung und Heilung in meinem Denken und Fühlen war nicht mit der Reha beendet, sondern geht auch jetzt noch weiter.

In dem Team in Erfurt habe ich meine Frau kennengelernt. Sie ist ein echt tolles Geschenk von Gott. Das hätte ich mir nie träumen lassen, bei meiner kaputten Vergangenheit, besonders in Sachen Beziehungen. Was bei Menschen unmöglich ist, das ist bei Gott möglich.

Meine Mutter meinte einmal: „Früher konnte ich genau sagen, wie du in manchen Situationen reagierst, heute kann ich es nicht mehr. Du reagierst ganz anders." Und mein Bruder sagte: „Ich muss mich erst an dich gewöhnen; du bist ganz anders, als du mal warst." Beide Aussagen waren absolut positiv gemeint. Alle, die mich von früher kannten, erkennen mich kaum wieder. Kein Wunder, denn ich bin eine ganz neue Person.

Franz H.

Love-Parade mit Folgen

Mein Name ist Franz und inzwischen bin ich 42 Jahre alt. Aufgewachsen bin ich in Monheim, einer Kleinstadt bei Düsseldorf. In meiner gutbürgerlichen und katholischen Familie erlebte ich Liebe und Geborgenheit, doch als Nesthäkchen blieb ich immer nur „das Fränzchen".

Auf dem naturwissenschaftlichen Gymnasium erlosch mein kindlicher Glaube an Gott. Bald zählte ich mich zu den anarchistischen Freaks. Wir hörten Musik von Frank Zappa, rauchten Hasch und hatten Träume von Frieden und Freiheit.

Die Realität machte keinen Spaß. Also bedröhnte ich mich immer öfter, bis ich fast völlig abdrehte. Zu der Zeit lief ich in einem blau-gelben Bademantel durch die Stadt und erzählte allen, dass ich ein Gott wäre. Meine Freunde gaben mir eine Weile kein Haschisch mehr und ich wurde wieder relativ normal …

Später lernte ich in Spanien eine Frau kennen, die in Köln als Prostituierte „arbeitete". Eine Mischung aus Faszination, Begierde und Mitleid fesselte uns aneinander. Nach ein paar Monaten heirateten wir.

Sie betrank sich und ich kiffte. So war die Ehe schneller kaputt, als sie begonnen hatte. Als ich sie eines Tages mit meinem besten Freund im Bett erwischte, zerbrach eine Welt für mich. Mit ein paar Taschen und meinem Hund verließ ich unsere Wohnung. In einer Drogen-Kommune in Solingen fand ich Unterschlupf.

Dort hausten zehn bis fünfzehn Leute. Kiffen und Dealen war unser Lebensinhalt. In meinem Frust ließ ich mich absolut gehen. Nach kurzer Zeit reichten Hasch und Marihuana nicht mehr aus, um meine Schmerzen zu betäuben. Heroin und Kokain oder am besten beides zusammen richteten mich schnell zugrunde. Ich verlor meine Arbeit, meine Freunde und jegliche Hoffnung. Meine Familie versuchte mir zu helfen. Zum Dank belog und beklaute ich sie. Trotzdem gaben mich meine Eltern nicht auf, sie beteten für mich. Als ich eines Tages, auf 54 Kilo abgemagert, vor ihrer Haustür stand, fuhren sie mich nach Hessen, zu einem Bauernhof von Synanon. Dort hielt ich es nur eine knappe Woche aus, dann reichte es mir. So kaputt „wie die" war ich noch nicht. Immer noch dachte ich, mein Leben ohne harte Drogen in den Griff zu bekommen.

Um meinem Umfeld zu entfliehen, meldete ich mich auf eine Anzeige hin bei einer Drücker-Kolonne. Mehrere Wochen wohnte ich in billigen Hotels, trank billigen Fusel und verkaufte Zeitschriftenabonnements. Wenn man sein Soll nicht erfüllte, gab es Ärger. Um Aufträge zu bekommen, war jede Lüge recht. Erstaunlicherweise funktionierte das Geschäft an der Haustür. Nur mit dem Sklavendasein kam ich nicht klar. Deshalb machte ich mich mit dem besten Mann vom Acker und selbstständig. Fast zwei Jahre nahm ich keine harten Drogen und lebte vom Lügen und Betrügen. Beziehungen, in denen ich die Frauen benutzte, hatte ich immer wieder. Ich kümmerte mich nur um mich selbst und merkte, dass mein Leben sinnlos zerrann …

Während meiner Schulzeit war es einer meiner Träume gewesen, einen pädagogischen Beruf zu erlernen, um die Welt zu verbessern. Als ich keinen Bock mehr auf das „Klinkenputzen" bei der Drückerkolonne hatte, bewarb ich mich an der pädagogischen Hochschule in Schwäbisch Gmünd.

Kurz nach dem Studienbeginn traf ich bei Kollegen eine junge Frau mit Steckies. Ein ungefähr dreijähriges Mädchen spielte zu ihren Füßen: „Mama ist schon wieder krank …"

Natürlich wusste ich sofort, was los war, und wollte helfen. Knapp zwei Wochen später hing auch ich wieder an der Nadel. Um an Stoff zu kommen, dealte ich. Nach außen versuchte ich eine Fassade der Normalität aufrechtzuerhalten. So saß ich oft völlig breit in der Uni …

An der holländischen Grenze wurde ich mit einer kleinen Menge Haschisch erwischt. Danach war mein Studium zu Ende. Das Elend ging weiter.

Nachdem in meinem Umfeld gerade mehrere Leute an einer Überdosis Heroin gestorben waren, wurde ich plötzlich gelb wie eine Zitrone. Ich schaffte es noch, die 400 Kilometer zu meinen Eltern zu fahren. Dort landete ich im Krankenhaus und wurde unter Quarantäne gestellt: multivitale Hepatitis (A, B, C, D). Es stand echt schlimm um mich. Erst nach vier Wochen wurden die Leberwerte ganz langsam wieder besser.

Da ich im Krankenhaus ja über zwei Monate clean war, dachte ich mal wieder, ich hätte es geschafft. Ich zog zurück ins Haus meiner Eltern und fand einen Job als LKW-Fahrer. Es dauerte jedoch nicht lange, bis ich wieder anfing, Hasch zu rauchen, und schließlich abermals bei Heroin und Koks landete.

Monatelang führte ich alle an der Nase herum. Darin war ich Spezialist. Wenn meine Eltern oder meine Freundin D., bei der ich mittlerweile eingezogen war, auch nur die Andeutung eines Verdachts äußerten, explodierte ich und tat zutiefst beleidigt. Dabei war mein ganzes Leben zu einer einzigen Lüge geworden. Schon morgens vor der Arbeit, so zwischen 5 und 6 Uhr, besorgte ich mir, um den Tag zu überstehen, Heroin am Düsseldorfer Bahnhof. Abends verkaufte ich dann gestohlene Europaletten, damit ich für den nächsten Morgen Geld hatte – und dazwischen: Lüge.

„Voll drauf!" – Franz Ende der 80er

Meine größte Angst war, dass die Wahrheit ans Licht käme. Das ließ auch nicht lange auf sich warten. Eines Tages erwischte mich D. am Bahnhof. Natürlich beteuerte ich meinen Willen aufzuhören. Nach ein paar Tagen hing ich wieder heimlich an der Nadel. So drehte ich mich im Teufelskreis.

Ein Therapieversuch endete nach zwei Monaten, und mit Substitution wollte ich mich auch nicht zufriedengeben. Es war kein Ausweg in Sicht. Ich hasste mich für das, was ich tat und wie ich war. Selbst der Versuch, mit meinem Leben Schluss zu machen, misslang. Ich spritzte mir eine Überdosis Heroin, wachte aber wieder auf.

D. und ich zogen nach Leverkusen. Wieder mal entgiftete ich. Danach begann ich eine Ausbildung zum Industriemechaniker. Schon in der ersten Frühstückspause bemerkte ich, dass mehrere Kollegen auf dem Klo Heroin rauchten. Mittags war ich schon dabei … Wieder begann eine Zeit der Lüge, der Versuche aufzuhören, der Versprechungen und des Versagens. Nach zwei Jahren hatte ich zwar die Lehre geschafft, aber die Beziehung zu D. war völlig kaputt. So packte ich meinen Kram zusammen und machte mich auf nach Berlin zu einem Jugendfreund, der in einer Garage erfolgreich Marihuana angebaut hatte und mich als Partner wollte. Natürlich stieg ich begeistert mit ein.

Irgendwie landeten wir mit unserem Gras in der Goa-Party-Szene. Auf diesen Partys konnte ich meinen selbstsüchtigen Egoismus hemmungslos ausleben. Einmal tanzten wir zwei Tage im LSD-Rausch um ein goldenes Kalb. Nach dem Trip war um mich Müll und in mir Leere. Immer wieder griff ich zwischen den Partys zu Heroin, um von Ecstasy und LSD wieder runterzukommen. Inzwischen waren wir mit unserer „Grasfabrik" in die Nähe von Rostock umgezogen. Mein ganzes Leben drehte sich nur noch um Drogen. Das fand ich cool. Ich hatte ja alles unter Kontrolle – dachte ich zumindest …

Mittlerweile hatte ich wieder eine Freundin. K. war sechzehn Jahre jünger als ich, manisch-depressiv und chaotisch. Auf dem Rückweg von einer Technoparty wurden wir von der Polizei auf einem Parkplatz mit 250 Gramm Marihuana geschnappt. Ich schlief im VW-Bus, der mit allem möglichen Krempel voll war. Als K. im Auto anfing, auf offener Flamme Kerzen zu gießen, erfolgte der Zugriff. „Wir haben Ihnen das Leben gerettet", sagte ein Polizist bei der Festnahme, und wahrscheinlich hatte er recht. Nach ein paar Tagen wurde ich freigelassen. Allerdings war das Gras futsch und K. in der Psychiatrie.

Das Haus bei Rostock war nach einer Polizeiaktion auch weg. Nun wohnten wir monatelang bei einem Freund in einer illegalen Wohnung in Berlin. Partys, Ecstasy, LSD, Heroin, Kokain – es wurde immer schlimmer.

K. wurde in dieser Zeit durch mich heroinabhängig. Meine Gelegenheitsjobs und Gelegenheitsdeals reichten kaum aus, um uns über Wasser zu halten.

Dann kam der Wendepunkt: *Das* Highlight der Technoszene, die Love-Parade, überflutete Berlin mit Ravern. Auf dem Weg dorthin besorgte ich Heroin und Kokain. Den ersten Schuss hätte ich fast nicht überlebt. Auf der Intensivstation der Charité kam ich wieder zu mir.

Auf einmal packte mich Todesangst. Mir wurde bewusst, dass mein Leben hätte vorbei sein können – aber ich wollte doch leben! So konnte es einfach nicht mehr weitergehen.

Irgendwie kam mir ein Haus in Düsseldorf in den Sinn. Ich wusste, dass die Leute dort Drogenabhängige aufnehmen. Plötzlich hatte ich Hoffnung. Ich dachte, dass mir diese Christen in Düsseldorf vielleicht helfen könnten. Ich rief meine Eltern an und bat sie um Hilfe. Nach ein paar Tagen schickte mir mein Bruder ein Bahnticket. Mit K. im Schlepptau kam ich in meinem Elternhaus an.

Die christliche Hausgemeinschaft „Kölner Straße" in Düsseldorf wollte uns nicht zusammen aufnehmen, fand aber für uns beide einen

Therapieplatz. K. hat ihre Chance leider nicht wahrgenommen. Für mich jedoch war schon beim Kontaktgespräch im Wiedenhof in Lüdenscheid klar, dass ich diese Gelegenheit nutzen wollte und musste.

Das Buch „Wen der Sohn frei macht" hatte ich schon gelesen. Das war ein Hoffnungsschimmer für mich. Die Leute, die dort aus ihrem Leben berichteten, hatten es geschafft, frei zu werden. Genau das wollte ich auch. Bis ein Therapieplatz im Wiedenhof frei wurde, dauerte es noch ein paar Wochen. Ich war immer noch drauf und spritzte täglich Heroin. Zwei Wochen vor Therapiebeginn konnte ich in der Kölner Straße entgiften.

Meine Eltern hatten jahrelang für mich gebetet, aber dort erlebte ich zum ersten Mal, dass jemand mit mir und für mich persönlich ein Gebet sprach: „Wir danken dir, Herr, dass du Franz hierhergeführt hast. Danke, dass du ihn liebst und dass du ihn retten willst. Bitte hilf ihm, die Zeit des Entzugs gut zu überstehen, und nimm ihm seine Schmerzen. Amen." So ähnlich betete an diesem Abend Eva für mich. Als ich dann allein im Bett lag, sagte ich zu Jesus: „Wenn es dich gibt, hilf mir bitte …" Drei Tage wartete ich auf meinen „Affen", aber außer dass ich nicht besonders gut schlafen konnte, wartete ich vergeblich. Das war ein echtes Wunder, denn bis dahin hatte ich bei Entzügen immer Höllenqualen durchmachen müssen: Durchfall und Erbrechen, bis nichts mehr kam, Krämpfe und Schmerzen in allen Knochen, dazu stinkender Schweiß und Schüttelfrost … Doch diesmal nichts von alledem! Sicher, ich war schlapp, aber mir ging's gut und von Tag zu Tag besser. Die Art, wie die Leute in der Kölner Straße mit den Menschen umgingen, begeisterte mich. Ihre liebevolle Annahme, ihr Miteinander und ihre Beziehung zu Gott machten mich regelrecht hungrig. Sie hatten das, was ich auch wollte, und so lud ich Jesus in mein Leben ein.

An dem Wochenende, bevor ich im Wiedenhof aufgenommen werden sollte, fuhren wir von Düsseldorf aus nach Lüdenscheid und gingen zu *Come to the Light*, einem großen Anbetungsgottesdienst in der dortigen Schützenhalle. So was hatte ich zuvor noch nie erlebt: ein Gottesdienst mit Rockmusik und Menschen, die, ohne bedröhnt zu sein, tanzten und feierten. Ich fühlte mich sofort zu Hause. Als Walter Heidenreich anfing zu predigen, berichtete er unter anderem von einem Einsatz in Berlin: Zur Love-Parade waren er und Hunderte von Christen nach Berlin gefahren um Jesus anzubeten und um für die verlorenen Drogensüchtigen zu beten. Mir lief ein heiß-kalter Schauer den Rücken herunter, denn mir wurde klar, dass ich zu diesen Verlorenen gehörte. Nur stand ich jetzt hier, und das war ganz gewiss kein Zufall! Leute fahren aus dem kleinen Lüdenscheid ins große Berlin um zu beten – knapp vier Monate später beginnt für mich eine Rehabilitation in genau der Gemeinschaft, aus der die Beter kamen! Heute weiß ich, dass das Gottes Führung war. So begann meine Therapie im Wiedenhof.

Mit meinen zwei Beuteln und einem Rucksack zog ich in eins der schönsten Zimmer im Wiedenhof ein. Mein afghanischer Zimmerkollege war mir auch ganz sympatisch. Nur den Ausblick auf die Polizeiwache fand ich nicht so toll. Dafür schmeckte das Essen klasse. In den ersten Monaten nahm ich ca. fünfzehn Kilo zu!

Die Leute in der Reha waren überwiegend freundlich und nach ein paar Tagen fühlte ich mich zu Hause. Ich wusste: „Hier bist du richtig!" Die Andachten und Gottesdienste waren anders als alles, was ich bisher kannte: Anbetung mit erhobenen Händen, Tanzen, Klatschen, Jauchzen und Lachen. Besonders das Sprachengebet war mir anfangs sehr suspekt. Trotzdem wurde mein Herz jedesmal berührt und jede Andacht traf bei mir ins Schwarze. Manchmal hatte ich den Eindruck, dass die Predigt nur mich meinte. Stück für Stück verlor ich meine Zweifel. In der Gemeinschaft lernte ich Gott ganz neu kennen: erfahrbar und lebendig. Auf einmal erfasste ich das, was ich in der Bibel las. Was Jesus am Kreuz erlitten hatte, wurde für mich persönlich. Da war einer, der meine Schuld bezahlt hatte, dem ich trotz all meiner Macken und Fehler wertvoll war und der einen Plan für mein Leben hatte.

Außerdem war ich fasziniert von den Mitarbeitern, die ihr Leben mit kaputten Junkies teilen. Da viele von ihnen selbst durch den Glauben an Jesus frei geworden waren, hatte ich gute Vorbilder. An ihnen sah ich, wie Gottes Kraft Menschen dauerhaft verändern kann.

Die fünfzehn Monate Reha im Haus Wiedenhof gehören heute zu der kostbarsten Zeit meines Lebens. Allerdings musste ich auch eine Menge lernen: Mich einzuordnen oder Anweisungen anzunehmen fiel mir als altem Rebell sauschwer. Zum Beispiel musste ich mir in der Holzwerkstatt von einem zehn Jahre jüngeren Mitarbeiter was sagen lassen! Das war nicht leicht. Aber Gott schenkte mir Gnade. Immer wieder.

Einmal saß ich in der Badewanne und war mit allem unzufrieden. Ich hatte kein Geld, keine Frau und noch so ein paar andere unerfüllte Wünsche. Da hörte ich Gottes Stimme in meinem Herzen, kristallklar und deutlich: „Mein Freund" (Jesus nannte mich seinen Freund!), „alles, was du jetzt nicht hast, brauchst du auch nicht, und alles, was du jetzt wirklich brauchst, hast du! Oder?"

Das war und ist bis heute die absolute Wahrheit! Hatte ich vor ein paar Jahren noch zynisch meine Mutter belächelt, als sie mir von ihrer persönlichen Beziehung zu Jesus erzählte, war es genau das, was ich jetzt selbst erlebte. Durch Gebet, durch Gespräche mit meinem Seelsorger und durch das Lesen der Bibel veränderte sich mein Denken und Handeln. Ich erlebte, was in 2. Korinther 5,17 steht: „Ist jemand in Christus, so ist er eine neue Kreatur. Das Alte ist vergangen, Neues ist geworden."

Irgendwann war mir klar, dass ich das Gute, das ich empfangen hatte, weitergeben wollte. Vor Therapiebeginn hatte ich noch gedacht, dass ich nach zwölf Monaten wieder mein eigenes Ding machen würde. Nun wollte ich auch nach Reha und Nachsorge mein Leben radikal für und mit Gott leben. Das hat sich bis heute nicht verändert.

Melanie und Franz in der Nachsorgevilla

So blieb ich in Lüdenscheid. Während der Nachbetreuung arbeitete ich, neben meiner Arbeit als Industriemechaniker, in der Freien Christlichen Jugendgemeinschaft mit: als Ordner in den Gottesdiensten und bei *Worship Art* (Kunst aus Anbetung). Highlights waren verschiedene Einsätze, in denen ich erleben durfte, wie Gott durch mich wirkte. Aber auch der ganz normale Alltag funktionierte jetzt: Wohngemeinschaft, Essen kochen, spülen, Wäsche waschen … alles das, worauf ich früher keinen Bock gehabt hatte.

Meine Herzenswünsche und Träume, wie zum Beispiel der zu heiraten und das Leben im vollzeitlichen Dienst, erfüllten sich dann ein Jahr später. Melanie, die zur gleichen Zeit wie ich Reha im Wiedenhof machte und mit der ich mich auch meist ziemlich gut verstanden hatte, nahm ich auf einmal mit ganz anderen Augen wahr …

Wir verliebten uns und wollten unsere gemeinsame Zukunft ganz Gott widmen. Ein paar Monate zuvor war Melanie Mitarbeiterin im Wiedenhof geworden. Nach unserer Hochzeit stieg auch ich ein. Nun teilen wir unser Leben mit Leuten, die wie wir in der Drogensucht verloren gewesen waren und eine neue Chance bekommen. Es ist echt toll mitzuerleben, wie Menschen durch die Gnade Gottes neues Leben empfangen. Bei uns war das ja auch so. Unser ehemals leeres Leben macht jetzt Sinn. Neben unserm Job im Wiedenhof haben wir im Dezember 2005 die Verantwortung für die neue Nachsorge übernommen. Die alten Räumlichkeiten reichten nicht mehr aus, und so zogen wir in unmittelbarer Nähe zum Wiedenhof in eine alte Villa um. Nach acht Monaten Renovierungsarbeiten konnten wir endlich einziehen. Es ist jetzt wirklich ein Traumhaus.

Die Nachsorge ist für die Leute eine echt wichtige Zeit. Es geht darum, im ganz normalen Alltag klarzukommen und das, was man in der Reha gelernt hat, umzusetzen. Wir gehen zusammen durch Höhen und Tiefen. Im gemeinsamen Leben haben wir viel Spaß miteinander, z. B. beim Spanferkelgrillen im Garten oder beim Schwätzchen zwischen Tür und Angel. An unseren „Familienabenden" beten wir als Hausgemeinschaft zusammen Gott an, tauschen Erlebnisse aus und beten auch gerne mal für jemanden, der gerade einen Durchhänger hat.

Es kann aber auch ganz schön herausfordernd sein. Manche Leute machen leider nur halbe Sache und schaffen es deshalb nicht. Doch es ist genial zu erleben, wenn ehemalige Drogenabhängige die Perspektive bekommen, aus der Gott sie sieht. Jesus hat mit jedem Einzelnen so viel vor! Das merken wir ja in unserem eigenen Leben.

Gott wirkt in uns und durch uns, und wenn mich heute einer fragt: „Hast du ein erfülltes Leben?", dann kann ich von ganzem Herzen sagen „Ja, wirklich!" – Danke, Jesus.

Varvara D.

Russisch Roulette mit Happy End

Ab jetzt wird alles anders! Noch schnell die letzte Zigarette und 'ne Dose Bier, bevor ich die Klingel am Wiedenhof drücke, um ein neues Leben anzufangen …

Acht Jahre sind vergangen seit meinem ersten Opium-Schuss. Das war in Russland.

In Sotschi, in Russlands größter Kur- und Baderegion am Schwarzen Meer, wurde ich 1976 geboren. Palmen, Bananen und üppige Blütenpracht. 150 km Strand und im Hintergrund die schneebedeckten Gipfel des Kaukasus. Traumhaft! Mein Halbbruder und ich lebten die meiste Zeit bei unseren Großeltern, weil die Eltern viel unterwegs waren zum Arbeiten. Ich liebte Sport, z. B. Tennisspielen, und war gut in der Schule. Freunde hatte ich nicht so viele, aber das machte mir eigentlich nichts aus. Ich konnte mich stundenlang zu Hause alleine mit einem Buch verkriechen. Meine Eltern entschieden, dass ich nach meinem Schulabschluss Jura studieren sollte. Das hatte ein gutes Image und gute Zukunftsperspektiven. Ich selbst hatte nie darüber nachgedacht, was ich wollte. Die Eltern entscheiden zu lassen, war normal.

Doch es gab sehr wohl auch Dinge, die ich ohne Wissen und Einverständnis meiner Eltern tat. Zu Hause war ich das liebe, brave Mädchen – auch als ich mit dreizehn anfing, mit den Kumpels von meinem Bruder rumzuhängen und regelmäßig zu kiffen. Diese Clique faszinierte mich, alles war so interessant und neu. Einige wirkten besonders nett und ruhig. Ich war echt neugierig, was die wohl intus hatten, denn bekifft wirkten sie nicht. Erst wollten sie mir nichts von ihrer Wunderdroge geben. Aber ich hatte es mir in den Kopf gesetzt, dieses Zeug zu probieren. Mit siebzehn war es so weit: Ich begann Opium zu spritzen. Zum ersten Mal hatte ich ein eigenes Ziel: sämtliche Drogen auszuprobieren. Wir spritzten Opium,

Heroin gab es damals in Russland nicht. Irgendwann streikte meine Leber – Hepatitis B. Doch auch im Krankenhaus war ich voll drauf. Schließlich schmissen sie mich raus, weil ich nur Stress machte. Die Folge war ein Hepatitis-Rückfall und eine ambulante Therapie.

Inzwischen hatte keiner mehr was zu verschenken. Wenn's um die Droge geht, ist sich jeder selbst der Nächste. Also nahm ich das Geld für meinen Bedarf einfach aus Papas Brieftasche. Da war immer genug drin. Er zählte nie nach und merkte es also auch nicht.

Eines Tages hörte mein Vater zufällig am anderen Telefon mit, als ich meinen Dealer anrief. Seine Tochter … Drogen!! Das konnte doch nicht wahr sein! In meiner Tasche fand er eine Spritze und außerdem etwas Haschisch. Jetzt konnte ich es nicht mehr verbergen. Meine Eltern wussten Bescheid.

Papa hoffte auf Hilfe von einem Freund, der bei der Polizei war. Ich wurde aufs Präsidium bestellt. Damit ich bis dahin nicht abhauen konnte, fesselten sie mich mit Handschellen an die Heizung in meinem Zimmer. Das war schon eine bizarre Situation: Ostersonntag saß die gesamte Verwandtschaft im Wohnzimmer versammelt, während ich nebenan in meinem Zimmer an der Heizung hing! – Der Polizist war eigentlich ganz nett. Er erzählte mir, dass sein jüngerer Bruder auch mal drauf gewesen und durch eine Blutwäsche runtergekommen wäre. Ich nickte brav, nannte ihm ein paar erfundene Namen von Dealern und konnte gehen.

Da die Blutwäsche extrem teuer gewesen wäre, besorgten meine Eltern starke Medikamente um den Entzug zu Hause zu machen. Die Mittel waren so stark, dass ich nur schlief. Nach zehn Tagen war ich zwar körperlich runter, aber der Kopf rotierte! Bei einer Geburtstagsparty mit alten Kumpels knallte ich mir sofort die nächste Spritze rein.

Meine Eltern starteten einen neuen Versuch, mir zu helfen: Ich sollte weg von Sotschi. Zu viel Drogen und Kriminalität, zu viele alte Freunde. Mein Vater lebte inzwischen in Deutschland. Um ebenfalls nach Deutschland einreisen zu können, sollte ich den Sohn einer befreundeten Familie in Moskau heiraten. Kurzerhand wurde ich in den Zug nach Moskau gesetzt. Ziel: Hochzeit mit einem Unbekannten. Der junge Mann war heimlicher Alkoholiker. Obwohl zwischen uns nicht viel lief, wurde ich schwanger. Weil ich wieder Drogen nahm, merkte ich es erst im vierten Monat. Ich war entsetzt. Was sollte ich mit einem Kind? Ich war doch drauf … Vielleicht würde das Kind nicht gesund sein. Also klapperte ich die Krankenhäuser ab, aber die sagten mir alle das Gleiche: zu spät für eine Abtreibung. Es gäbe da noch andere, nicht so legale Möglichkeiten

... Ich hatte schon drei Abtreibungen hinter mir – in Russland ist das leider nichts Ungewöhnliches. Aber jetzt war es anders, als ob plötzlich in mir etwas berührt worden wäre. Ich weigerte mich, dieses Kind sterben zu lassen. Tatsächlich schaffte ich es zunächst, mit Drogen und Zigaretten aufzuhören, und bereitete mich auf mein Baby vor.

Doch die Sucht war stärker. Mit meinem 7-Monats-Bauch kreuzte ich in Sotschi bei alten Freunden auf und war bald wieder voll drauf. Die Geburt war schwierig und dem Baby ging es schlecht. Es musste sofort auf die Intensivstation. Dort kämpften die Ärzte um sein Leben. Ich selbst wäre nach der Geburt auch fast an einer inneren Blutung gestorben.

Varvara als Teenager

Als wir uns beide von diesen Strapazen erholt hatten, dachte ich: Wow, es ist alles gut! Mit meinem damaligen Mann und dem Baby reiste ich nach Deutschland aus. In Köln angekommen, half wieder mein Vater bei der Wohnungssuche und den zahlreichen Ämter- und Behördengängen.

Wir konnten kein Deutsch, kannten niemanden und hatten keine Arbeit. Den ganzen Tag in der Bude hocken war einsam und todlangweilig. Aber ich wusste ja, wo's Drogen gab. Den Kinderwagen vor mir herschiebend, ging ich zum Bahnhof, Heroin besorgen. Das Klauen wurde nun meine tägliche Arbeit. Trotz meines harmlosen Aussehens – junge Mutter mit Kinderwagen – wurde ich insgesamt zehnmal erwischt. Die ständig höher werdenden Geldstrafen zahlte, wie immer, mein Vater. Sämtliche Versuche, von dem Zeug runterzukommen, scheiterten. In meiner Verzweiflung ging ich zum Arzt. Vielleicht konnte der mir ja helfen? Er diagnostizierte Hepatitis C und steckte mich ins Methadon-Programm. Einmal pro Woche musste ich zum Gespräch. Bei den Gesprächsrunden lernte ich ein bisschen Deutsch und konnte mich mit den anderen Betroffenen unterhalten. Hinter vorgehaltener Hand, wenn kein Therapeut dabei war, wurde über Drogen geredet. Tipps wurden ausgetauscht, wie man die Urinkontrollen austricksen konnte. So kam ich auf Kokain.

Mein Vater, der inzwischen die Anzeichen zu deuten wusste, merkte, dass es mit mir bergab ging. Deshalb nahm er meine Tochter V. mit nach Russland zu meiner Mutter, damit wenigstens sie aus dem Sumpf des

Drogenmilieus raus war. Ich zog mit einem jungen Mann zusammen, der nichts mit Drogen zu tun hatte. Er drängte mich, Arbeit zu suchen, statt ständig rumzuhängen. Also studierte ich die Zeitungsanzeigen und stieß auf ein Angebot. Mein Deutsch reichte nicht aus um es wirklich zu verstehen. Doch ich bekam die Arbeit. Eine dreckige Arbeit unter dem Namen *Happy Clean*. Nackt putzen, der Einstieg in die Prostitution. So verdiente ich schmutziges Geld für den nächsten Kokain-Schuss. Ich fand es schrecklich eklig und schaffte es nur, wenn ich voll auf Koks war.

Als sie merkten, dass ich in die eigene Tasche wirtschaftete, statt die Kohle abzugeben, feuerten sie mich. Aus dem Methadon-Programm flog ich raus wegen Beikonsum. Jetzt hatte ich kein Geld mehr und war voll auf Entzug. Straßenstrich – das fand ich immer das Allerletzte. Aber jetzt sah ich keine andere Möglichkeit mehr.

Am gleichen Abend erzählte mir meine Mutter, die inzwischen auch in Köln lebte, etwas, was ich noch nie gehört hatte. In ihrer Gemeinde waren Leute von Drogen befreit worden! Nur durch Gebet! Die beiden Jungs, die so wundersam frei geworden waren, besuchten mich noch am gleichen Abend. Sie erzählten mir, was ich selber so gut kannte: viele Jahre auf Heroin, zahllose Versuche zu entgiften – erfolglos. Und jetzt: frei von Drogen und geheilt von Hepatitis C. Durch Gebet! Sie luden mich in den Gottesdienst ein. Ich hatte ja schon alles andere versucht. Voll auf Drogen und ohne allzu große Erwartung ging ich hin. Sie sangen Lieder, die ich nicht verstand. Dann sagte der Pastor: „Wer sein Leben Jesus geben will, soll nach vorne kommen." Auch das verstand ich nicht. Einer der Jungs sagte: „Geh nach vorne." Ich dachte: Na ja, wenn der das sagt, warum nicht? Der Pastor fragte mich, ob ich mein Leben ändern wollte, und als ich nickte, sprach er mir ein Gebet vor, das ich Satz für Satz wiederholte. Ich sprach die Worte: „Ich bin ein sündiger Mensch. Bitte vergib mir. Ich gebe dir mein Leben, Jesus." In mir passierte etwas und ich musste weinen. Eine Frau aus der Gemeinde bot mir an, bei ihr zu entgiften. Der körperliche Entzug lief recht gut. Doch die Leute in der Gemeinde hatten wenig Ahnung von Drogenabhängigen. Dementsprechend leicht war es, sie an der Nase herumzuführen. Ich tat so, als wäre ich immer noch zu fertig, um etwas im Haushalt mithelfen zu können. In Wirklichkeit war ich nur stinkefaul. Bibellesen und Gemeinde wurde mir zusehends langweiliger.

Nach ein paar Wochen sagte ich mir: Jetzt hab ich's geschafft, bin frei und kann nach Hause in meine Wohnung. Fehlanzeige! Es ging nicht lange gut. Erst Tabletten, dann wieder Koks und Heroin. Ich lebte ein Doppelleben: einerseits der Kontakt zu der Familie aus der Gemeinde, andererseits die Drogen. Ich dachte, es klappt diesmal, ohne dass ich wieder süchtig werde. Doch es wurde schlimmer denn je. Auf Koks kratzte ich mir das ganze Gesicht blutig. Neben der aufgeschlagenen Bibel auf meinem Tisch kochte ich mir die Drogen auf. Dann kam die Paranoia: totale Wahnvorstellungen ohne den geringsten Realitätsbezug. Nach jedem Kokain-Schuss hatte ich das Gefühl, dass jemand mich verfolgt und umbringen will. Ich trug jetzt immer ein Messer bei mir um mich zu verteidigen. Ich hatte furchtbare Angst vor meinen Eltern, weil ich in meinem Wahn dachte, sie hätten einen Mörder beauftragt, mich zu töten. Bei jedem Verdacht – also ständig – rief ich die Polizei an in der Hoffnung, sie würde mir helfen.

Etwa ein Jahr ging das so. Papa und V. wohnten jetzt bei mir. Mittags, wenn die Kleine schlief und Papa bei der Arbeit war, ging ich für zwei Stunden aus dem Haus – anschaffen auf dem Straßenstrich um bei meinem Dealer Heroin und Koks zu besorgen. In der Gemeinde hatte ich zum ersten Mal gehört, dass es christliche Therapiehäuser gibt – wie z. B. Haus Wiedenhof. Wieder mal auf Entgiftung im Krankenhaus, teilte ich das Zimmer ausgerechnet mit einer Frau, die in eine christliche Reha wollte und mir auch wieder vom Wiedenhof erzählte.

Dort allein im Krankenhauszimmer, fing ich an zu beten. Ganz schlicht, ganz primitiv – aber diesmal ehrlich und von ganzem Herzen. Ich fing einfach an, mit Gott zu reden. Plötzlich verstand ich: Ich kann nicht mein ganzes Leben lang rumsitzen, die Hände in den Schoß legen und auf ein Wunder warten, damit sich in meinem Leben was ändert. Ich muss und kann auch selber was tun! Zum Beispiel das Rauchen sein lassen. Oder in der Bibel lesen. Und es war ganz seltsam: Plötzlich *wollte* ich mit dem Rauchen aufhören. Eine Nachtschwester gab mir russische christliche Bücher, einfach so von sich aus. Erst später erfuhr ich, dass sie Christ war, und sie hat mich dann auch mal im Wiedenhof besucht.

Ich war jetzt entschlossen: Ich wollte in den Wiedenhof. Mit meiner Bekannten aus der Gemeinde fuhr ich völlig unangemeldet hin. Die gepackte Tasche hatte ich dabei in der Hoffnung, dass sie mich sofort aufnehmen würden. Erstmal entgiften, dann könnte ich kommen, hieß es beim Kontaktgespräch. Den Entzug hatte ich geschafft. Nun waren es noch zehn Tage bis zur Aufnahme in den Wiedenhof.

Noch ein letzter Kokain-Schuss – dann würde ich aufhören. Ich rollte den Ärmel hoch, drückte ab und es kam … die Paranoia, der blanke Horror. Wie immer in den letzten Monaten, wenn ich Kokain gespritzt hatte. Ich war allein mit meiner kleinen Tochter in der Wohnung. Panik stieg in mir hoch. Ich war mir sicher: Jemand kommt um uns zu töten.

Ich rannte auf den Balkon, blockierte die Tür zur Wohnung. Gehetzt sah ich mich um. Kein Ausweg! Von meinem Balkon aus kletterte ich hinunter auf den Balkon der Nachbarn, um bei ihnen Hilfe zu holen. Ich brach in ihre Wohnung ein. Keiner da! Der Verfolgungswahn wurde schlimmer. Hysterisch begann ich, um mich zu schlagen um mich gegen die unsichtbare, doch für mich so reale Bedrohung zu wehren. Ich tobte, bis die Wohnung ein wahres Schlachtfeld war, schloss mich im Bad ein und schrie laut um Hilfe. Ich war am Ende. Keine Kraft mehr, keine Hoffnung, nur noch Todesangst und kein Entkommen. Jesus, Hilfe! Ein Passant wurde aufmerksam, weil er von oben ein Kind schreien hörte. Ihm bot sich ein wahnwitziger Anblick: Im fünften Stock versuchte ein kleines Mädchen, über das Balkongeländer zum Balkon darunter zu klettern, und rief dabei laut: „Mama, Mama". Sofort kümmerte er sich um meine Tochter und rief Polizei und Krankenwagen. Die Rettung! Danke, Jesus!

Varvara und ihre Tochter

Das Bier ist leer, die Zigarette aufgeraucht. Ich drücke die Klingel. Ein neues Leben anfangen. Kann das wirklich möglich sein?

Ich werde herzlich empfangen. Doch ich verstehe erst mal nicht viel. In der Bibel lesen? Keinen Bock! Essen, schlafen und sehr widerwillig gerade so viel arbeiten, wie es unbedingt sein muss – zu mehr kann ich mich nicht aufraffen. Eine russische Frau, die auch Therapie macht, bemüht sich sehr, mir alles zu erklären. Ständig fragt sie mich, ob ich in der Bibel lese. Das nervt – ich will meine Ruhe.

Eines Abends im Bett muss ich an ihre Worte denken. Ich nehme die Bibel vom Tisch und schlage sie auf. Was ich lese, schlägt ein wie eine Bombe: „Fürchte dich nicht. Du wirst nicht zuschanden. Sei nicht beschämt, denn du musst nicht erröten. Die Schande deiner Jugend wirst du vergessen …" Tränen steigen mir in die Augen. Das trifft mitten ins Herz! Es passt genau zu meinem Leben. Ich hatte ja schon einiges von Jesus gehört und auch schon mit ihm gesprochen. Aber das hier ist anders. So persönlich, so tröstlich, so nah. Ich lese das ganze Kapitel. Das gilt alles mir! Als ob Gott es extra für mich geschrieben hätte! Leise frage ich: „Gott, regierst du wirklich?“ Mir laufen die Tränen herunter, als ich spüre: Ja, er ist da! Er ist da für mich.

Ab diesem Tag ist alles anders. Statt gelangweilt herumzustehen, singe ich mit, wenn wir morgens in den Andachten Gott mit Liedern anbeten. Ich lasse das, was die Mitarbeiter sagen, an mich heran. Ich will jetzt lernen mit Gott zu leben. Oft bete ich: Gott, bitte verändere meinen Charakter. Die Gebetserhörung kommt dann meistens anders, als ich es erwarte: An allen Ecken und Enden kommt mein mieser Charakter zum Vorschein. Immer schon war ich entweder laut und frech oder total kühl und abweisend zu anderen gewesen. Plötzlich wird mir bewusst, wie ätzend das ist. Außerdem habe ich immer diese bestimmte Masche drauf, mir Anerkennung zu verschaffen: Männer manipulieren, bis sie machen, was ich will. Ich merke, dass ich zu einem normalen Umgang mit anderen Menschen gar nicht in der Lage bin. Und ich realisiere: Die schnippische Art und die Manipulation – das ist Sünde, das muss ich loswerden! Es geht nicht von einem Tag auf den anderen. In der Seelsorge bekenne ich meine Sünden – die von früher, aber auch die Dinge des alltäglichen Miteinanders, die nicht okay sind. Anfangs wusste ich gar nicht recht, was Seelsorge eigentlich soll und was ich der Mitarbeiterin, die für mich zuständig ist, erzählen soll. Aber mehr und mehr entdecke ich, wie befreiend es ist, die Dinge beim Namen zu nennen, die man verbockt hat, und nichts zu verheimlichen oder zu beschönigen. Meine Seelsorgerin sagt mir öfters mal krass die Wahrheit. Das ist nicht immer angenehm, aber sehr heilsam. Da ist noch eine Sache: Obwohl Jesus in mein Leben gekommen ist, bin ich innerlich ganz kalt, wie versteinert. Wie können die anderen immer so gut drauf sein, Spaß haben und zusammen lachen? Ich war immer gut darin gewesen, mich zurückzuziehen und zu isolieren. Auch damit will ich jetzt Schluss machen. Wenn ich aus meiner Versteinerung und Gefühlskälte herauswill, muss ich den ersten Schritt tun und die Gemeinschaft mit anderen suchen. Mit ihnen reden, mal ein Spiel machen oder einfach im Wohnzimmer rumhängen, statt mich in mein Zimmer zu verkriechen. Und tatsächlich: Langsam werde ich innerlich wieder lebendig und habe Spaß an dem Leben in Gemeinschaft.

Nach fünf Monaten im Wiedenhof muss ich ins Krankenhaus. Nierensteine entfernen – ein Routine-Eingriff. Als ich nach der OP im Krankenzimmer aufwache, ist noch alles okay. Doch plötzlich wird mir schwarz vor Augen, die Ohren klingeln. Mir ist, als würde ich fallen … Das Gefühl kenn ich doch – Todesangst! Ich schreie. Später erzählen sie mir, dass mein Puls kaum mehr zu fühlen und der Blutdruck völlig im Keller war.

Intensivstation, innere Blutung, trotz Blutkonserven nicht zu stillen. Drei Tage zwischen Leben und Tod. Die Ärzte am Ende mit ihren Möglichkeiten. Rund um die Uhr beten viele Christen für mich. Irgendwann kommt die Blutung zum Stillstand und es geht bergauf. Wieder hat Gott mir das Leben zurückgeschenkt!

Insgesamt ist die Therapie eine Zeit der Heilung und Befreiung für mich. Jesus befreit mich von den Drogen und von der teuflischen Verfolgung, die mich so lange begleitet hat. Er gibt mir ein neues Herz und neue Gefühle. Auch für meine Tochter, die in der Nachsorge wieder zu mir kommt. Obwohl sie zum Großteil bei meinen Eltern aufgewachsen ist, hat sie viel Schlimmes von mir miterleben müssen. Dennoch fasst sie erstaunlich schnell wieder Vertrauen, nennt mich Mama und hat keine Angst mehr vor mir. Was für ein Geschenk, eine solche Tochter zu haben!

Mit meinem Vater geht es nicht so schnell. Es dauert Monate, bis er der Veränderung in meinem Leben allmählich trauen kann und bereit ist, V. wieder meiner Fürsorge zu überlassen.

Irgendwann werden Bernd und Susanne Mette eingeladen, eine christliche Reha in der Ukraine zu besuchen, um dort ein Seminar zu halten. Hurra, ich darf mit als Übersetzerin! Das klappt auch ganz gut, bis dieser nette junge Mann auftaucht. Ich schaue ein bisschen zu lang in seine Augen, vergesse das Übersetzen und quatsche stundenlang mit ihm. Drei Wochen später merke ich, dass ich verliebt bin. Oje, das macht mir Angst. Woher soll ich wissen, ob diese Sache von Gott eingefädelt ist? Müll hab ich genug erlebt. Die Leute vom Wiedenhof raten mir, das Ganze in Gottes Hand zu legen und nicht selber dran rumzumanagen, sprich: keinen Kontakt zu suchen und nicht ständig an ihn zu denken. Wenn es von Gott wäre, würde er uns schon zusammenbringen auf seine Art und zu seiner Zeit. Geduld haben – harte Lektion für mich!

Erst Monate später meldet er sich, wir telefonieren, schreiben SMS, und ein Jahr nach dem ersten Treffen fahre ich ihn besuchen. Geduld! Drei Monate später besucht er mich in Deutschland, wir heiraten – und er muss zurück in die Ukraine! Erst sechs Monate später sehen wir uns wieder. Geduld! Es dauert noch ein Jahr, bis er langfristig einreisen darf. Geduld!

Jetzt ist er hier, lernt fleißig Deutsch. Er war auch an die zehn Jahre drogenabhängig und arbeitete die letzten fünf Jahre in einer christlichen Drogenreha in der Ukraine. Sein Herz schlägt für drogenabhängige Russen, auch hier in Deutschland, und wir sind gespannt auf unsere gemeinsame Zukunft. Und V. ist froh, nicht nur ihre Mama wiederzuhaben, sondern auch einen Vater.

Oliver K.

Der ganz normale Wahnsinn

Geboren wurde ich im Februar 1984 in Cottbus. Das war damals eine Industriestadt, wie fast jede größere Stadt der DDR. Ich kam als zweites Wunschkind meiner Eltern auf die Welt. Zusammen mit ihnen und meiner zwei Jahre älteren Schwester lebte ich in einer kleinen Wohnung in einem Plattenbau.

Da verbrachte ich allerdings nur die ersten drei Lebensjahre. Meine Mutter wollte in dieser Stadt nicht alt werden, in so einem „Wohnklo“. Also zogen wir in das Heimatdorf ihrer Eltern um. Dort hatten sich meine Eltern nach einem Einfamilienhaus umgesehen, ein geeignetes gefunden und gekauft.

Raus aus der fünfstöckigen „Platte“ in ein schön gelegenes Haus mit großem Garten, direkt am Wald in einem kleinen Dorf im Osten von Sachsen namens See. In dieser Zeit wurde auch mein kleiner Bruder geboren.

Für uns Kinder war diese Gegend perfekt. Wir konnten im Wald spielen und auch zu Hause auf dem großen Grundstück bot sich genügend Platz. Unserer Phantasie ließen wir freien Lauf. Im Sommer war es super: Im Umkreis von wenigen Kilometern gab es mehrere Badeseen oder wir fuhren in die Freibäder der umliegenden Städte. Im Winter gab es immer Schnee. Dann bauten wir Schneemänner oder -hütten und gingen rodeln.

In unserer Kindheit hatten wir alles, was wir brauchten. An Spielzeug mangelte es nicht und an den Geburtstagen und Weihnachten wurde ordentlich gefeiert und es gab tolle Geschenke …

Natürlich haben wir uns auch gestritten. Dann flogen die Fetzen. Ab und zu blieb unseren Eltern keine andere Möglichkeit, als dass mal „die Hand ausrutschen“ musste. In anderen Situationen haben wir wiederum super zusammengehalten …

Fragen wie: „Wo kommen wir denn her?“ und „Warum leben wir überhaupt?“ haben auch mich beschäftigt. Ab und an fragte ich meinen Vater: „Wozu leben wir eigentlich?“ Als Antwort kam dann: „Um zu sterben!“ Das reichte mir absolut nicht aus. Wenn ich dann wieder mal die Frage stellte, kam dieselbe Antwort: „Wir leben um zu sterben.“ Das hat in meinen Kopf nicht reingepasst. Obwohl als Kind für mich äußerlich alles da war, fühlte ich, dass mir innerlich irgendwas fehlte …

Sonntagvormittags war's oft schlimm für uns Kinder: Wir mussten mit unseren Eltern in eine apostolische Gemeinde ins 30 km entfernte Görlitz fahren. Die Gottesdienste empfanden wir als todlangweilig. Die Zeit schien überhaupt nicht zu vergehen. Wir saßen dort auf den Stühlen und sehnten das Ende dieser Veranstaltung herbei, versuchten uns irgendwie zu beschäftigen. Auch haben wir nicht verstanden, wieso wir dahin mussten. An Gott haben wir Kinder nicht geglaubt. Wir hatten auch genug Argumente dafür, dass es Gott gar nicht geben könnte. Jedes Mal gab es vorher heftige Diskussionen mit unseren Eltern und wir sträubten uns bis aufs Äußerste, weil wir partout nicht dorthin wollten. Doch es hatte keinen Zweck, wir wurden gezwungen. Später, als wir älter waren, konnten sie uns nicht mehr zwingen.

Als ich eingeschult wurde, war die Mauer mittlerweile gefallen. In der Grundschule war ich einer der Besten der Klasse. Meine Eltern sagten immer: „Der Olli ist schlau!“ Das fand ich gut. Nach der vierten Klasse ging ich aufs Gymnasium in Niesky, der ca. drei Kilometer entfernten Kleinstadt.

Dort gab es anfangs keine leistungsmäßigen Schwierigkeiten. Nur lernen und Hausaufgaben, das hab ich nicht richtig gebacken gekriegt. Irgendwann hat mich das dann eingeholt und ich bekam erste kleinere Probleme – ich war „stinkfaul“. Meine Eltern haben das nicht verstanden, die sagten immer noch: „Du bist doch so schlau! Warum machst du nichts daraus?“ Doch irgendwie war ich verfassungsmäßig nicht in der Lage dazu. Ich habe auch nicht verstanden, wieso ich das überhaupt machen sollte. Trotzdem war ich noch relativ gut und hielt mich über Wasser.

Mit der Zeit wurde ich in der Schule rebellischer. Ich provozierte die Lehrer oder machte irgendwelchen Blödsinn in der Klasse. Oft wurde ich des Unterrichts verwiesen.

In der siebten Klasse fing ich an Punkmusik zu hören. Das fand ich toll. Die drückten das aus, was ich auch dachte und fühlte. Oder ich fing an so zu denken, weil ich jetzt diese Musik hörte. Sie sangen von Freiheit, Revolution und Rebellion und lebten das auch. *Beat the Bastards* von *The Exploited* fand ich absolut genial. Diese aggressive, schnelle und harte Musik war genau die, nach der ich auf der Suche war.

Zigaretten rauchte ich schon 'ne Weile. Zusammen mit einem Kumpel habe ich anfangs extrem viel geraucht. Das hat uns Spaß gemacht. Wir probierten alle möglichen Marken aus und trafen uns heimlich um zu rauchen. Eines Tages merkten wir, dass wir nicht mehr aufhören konnten. Das war irgendwie ein komisches Gefühl.

In der achten Klasse rauchte ich zusammen mit zwei Klassenkameradinnen zum ersten Mal Haschisch. Wir haben gar nichts gemerkt, mussten was falsch gemacht haben. Ein paar Tage später hab ich mir dann ein Gramm Gras gekauft, es zu Hause mit Tabak gemischt und ganz schön viel davon geraucht, in meiner selbstgebauten Wasserpfeife. Diesmal war ich total breit, ich musste mich in mein Bett legen. Mir ging es nicht besonders gut, ich fuhr innerlich Karussell.

Auch meine besten Freunde begannen zu kiffen. Wir unternahmen viel zusammen und hatten 'ne Menge Spaß. Wenn mal nichts zu rauchen da war, waren wir nicht so besonders gut drauf. Dass wir ziemlich süchtig waren, haben wir schon gemerkt.

In der Schule ließ ich immer mehr nach. Die neunte Klasse hätte ich nicht geschafft. Um nicht sitzen zu bleiben, meldete ich mich an der Mittelschule an.

Etwas vernünftiger wurde ich durch meine erste feste Freundin. Ihretwegen ging ich mit zu den Jesus-Freaks. Sie hatte mit Rauchen und Kiffen aufgehört. Das wollte ich jetzt auch. Doch ich bekam es nicht hin. Dass es Gott gibt und auch Jesus, hatte ich schon geschnallt – aber nie verstanden, worum es wirklich geht. Als mit ihr Schluss war, fing ich wieder richtig mit Kiffen an. Zu der Zeit war ich sechzehn.

Meinen Realschulabschluss schaffte ich ohne größere Anstrengungen. Ich entschloss mich, doch mein Abitur zu machen, bewarb mich in Görlitz am Gymnasium und wurde genommen. Anfangs wieder keine Schwierigkeiten …

In Niesky kaufte ich mir mein erstes Ecstasy. Eigentlich war ich immer gegen „Chemo“ gewesen. Das Zeug war bei uns Vollblut-Kiffern ziemlich verrufen. Doch das war mir mittlerweile egal, ich wollte mehr.

Als die Tablette anfing zu wirken, war das gefühlsmäßig der absolute Hammer. Jedes Mal, wenn ich darauf Hasch rauchte, haute das richtig rein. In der nächsten Zeit fraß ich mehrere Teile. Schnell merkte ich, dass ich auch davon ganz schön süchtig wurde, aber in einer anderen Qualität. Wenn ich drauf war, klinkte ich meistens ein bisschen aus. Ich grübelte über alle möglichen Sachen nach. Auch über Gott und dass ich mit Drogen aufhören müsste. Oft redete ich von nichts anderem als Gott,

Jesus und Satan. Das Bewusstsein, dass es Gott und eine geistige Welt gibt, und die chemischen Drogen vertrugen sich überhaupt nicht. Mehr und mehr kam ich schräg drauf.

Mit den chemischen Drogen kam auch die elektronische Musik. Ich fing an, auf Technopartys zu gehen. Ich liebte es, ausgeflippt zu tanzen. Manchmal gingen die Partys bis zum nächsten Nachmittag.

Nach der Love-Parade 2001 hatte ich schreckliche Paranoia. Dort hatten wir uns mit einem Kumpel was eingepfiffen, wir wussten nicht mal richtig, was das eigentlich war. Der Typ nahm schon länger chemische Drogen und hat mich wohl ziemlich gemocht. Als er merkte, wie ich abging, gab er mir einen ernsten Rat: „Olli, hör auf mit Chemo!“

Eines Tages wachte ich auf und war an einem Bett festgekettet. Der Mann, der in einem anderen Bett lag, kam mir ein wenig komisch vor. Ich fragte ihn: „Wo bin ich denn hier?“ Die Antwort, „In Großschweidnitz!“, bestätigte meine Vermutung: Dort befand sich eine riesengroße Psychiatrie. Die nächsten Wochen sollte ich nun da, in der geschlossenen Jugendpsychiatrie, verbringen.

Während einer Technoparty hatte ich mir viel zu viel Chemo reingezogen. Wieder war ich schräg drauf gekommen. Nachdem ich dann in meiner Wohnung (in der Haupteinkaufsstraße von Görlitz) randaliert hatte und schließlich auf eine Leuchtreklame geklettert war und die Passanten angeschrien hatte – mittlerweile am Vormittag des nächsten Tages –, überwältigte mich die Polizei. Ein Notarzt jagte mir was in die Vene, ich verlor das Bewusstsein. Wo ich aufwachte, ist ja bereits bekannt …

In der Jugendpsychiatrie sagte der Arzt, nachdem ihm aufgefallen war, dass ich hypergut drauf war: „Oliver, du bist manisch.“ Ich wurde mit Medikamenten ruhig gestellt. Da ich noch nicht volljährig war, konnte ich nicht einfach gehen. Meine Eltern wollten mich auch nicht rausholen. Sie hielten es für das Beste, wenn ich ein wenig Abstand von dem Ganzen bekommen würde. Aus Frust sagte ich so was wie: „Wenn ich hier rauskomme, nehme ich mehr Drogen als je zuvor!“

So ungefähr kam es dann auch. Als ich achtzehn wurde, konnte ich gehen. Von da an ging es nur noch bergab: Die Schule in Görlitz ließ ich sausen. Im Frühjahr 2002 fing ich an, richtig auszuklinken. Ehemalige Schulkameradinnen, die gerade im Abi-Prüfungs- und „Wie-geht's-danach-weiter“-Stress waren, fragten mich: „Was machst du jetzt eigentlich?“ „Ich mache ein freiwilliges asoziales Jahr!“, entgegnete ich. Auf dieses ganze Zeug hatte ich überhaupt keinen Bock mehr. Ich wollte rumhängen, Drogen konsumieren, Spaß haben, Party machen … einfach frei sein.

Inzwischen war ich mit J. zusammen. Die war total hübsch, auch auf Drogen und auch ein bisschen eigen. Wir wohnten bei ihrer Oma im Haus und hatten die obere Etage für uns. Dort machten wir oft „Privatpartys“. Fast jeden Tag kamen Leute dorthin um abzuhängen und Drogen zu konsumieren.

Anfangs war das mit J. eine richtige Romanze. Wir liebten uns und wollten sogar heiraten. Sie verzweifelte jedoch ziemlich, als ich zusehends den Bezug zur Realität verlor. Von Goethes *Faust* und seinen Erlebnissen war ich regelrecht begeistert. Ich ließ mich immer mehr auf okkulte Dinge ein, las aber auch in der Bibel. Die geistige Welt faszinierte mich. Allein im Dunkeln, bekam ich oft schreckliche Angst, hatte furchtbaren Verfolgungswahn.

Nachdem ich ein „schönes Bild“ auf das Auto einer Lehrerin gekratzt hatte, nahm mich die Polizei in Gewahrsam. Als ich ziemlich lange auf dem Polizeirevier rumschrie und ein riesengroßes Theater veranstaltete, wusste die Polizei sich wohl keinen anderen Rat mehr, als den Notarzt zu rufen. Ich wurde erneut zwangseingewiesen.

Als ich wieder rauskam, machte ich genauso weiter wie zuvor. Mittlerweile war ich ziemlich größenwahnsinnig, total fern von jeder Wirklichkeit. Wahrscheinlich stieg mir das, was meine Eltern und auch andere oft gesagt hatten, zu Kopf: „Du bist so schlau!“ Das Ganze, gepaart mit den Drogen, ließ mich schier durchdrehen. Ich verfasste Lieder und Gedichte, wollte auch ein Theaterstück schreiben. Irgendwann war es für mich kein Problem mehr, in Reimen zu sprechen.

Ich dachte, ich wäre der Antichrist, und in dem 13. Kapitel der Offenbarung würde von mir berichtet. Ich genoss es „böse“ zu sein, anderen Leuten Angst zu machen, sie zu provozieren und zur Verzweiflung zu bringen. Ich sagte: „Wenn der Himmel voll von diesen heuchlerischen Christen ist, dann will ich in die Hölle!“ Und das meinte ich todernst.

Irgendwann war es mit mir dann so weit: Ich brauchte keine Drogen mehr. Ich war „dauerdrauf“. Man sagt auch „hängen geblieben“. Die meisten Leute gaben mir sowieso nichts mehr, weil sie wussten, wie ich abging. Ich hatte mir eine Psychose eingefangen und war absolut manisch. Mir ging es super – auch ohne Drogen. Ich verschenkte viele meiner Sachen, fühlte mich bombastisch und schlief wenig. Jeden Tag heckte ich irgendwas aus, entdeckte neue Sachen, hatte „Offenbarungen“. Als ich ein ehemaliges Einkaufszentrum besetzen wollte, schnappte mich die Polizei. Die kannten mich mittlerweile – wieder Psychiatrie. Dort brach ich mehrere Male aus, kam wieder rein, brach wieder aus

… Ich wurde mit Haldol ruhig gestellt, ans Bett gebunden und bekam andere Medikamente. Die halfen allerdings gar nicht. Innerlich war ich aufgedreht und so tief verletzt, das konnten keine Tabletten oder Spritzen heilen. Ich wollte leben und frei sein. Ich wollte tun und lassen, was ich wollte. Ich wollte bei meiner Freundin sein und wollte Leute mit dem, was ich sagte und tat, beeindrucken. Und ich wollte in meine Bestimmung; ich fühlte mich zu etwas Höherem berufen. Das Eingesperrtsein hielt ich nicht aus. Ich brach wieder aus, baute irgendeinen Sch… und wurde wieder reingebracht.

Als die manische Phase vorbei war, kam die Depression. In der Psychiatrie fing ich auf einmal an, schrecklich zu weinen. Ich war todtraurig. Quälende Selbstmordgedanken überfielen mich. Ich weiß nicht, ob ich mich umgebracht hätte, wenn ich meine Freundin und meine Eltern nicht gehabt hätte. Das wollte ich ihnen nicht antun. Obwohl ich sie angeklagt, verletzt und beleidigt hatte, kamen mich meine Eltern gelegentlich in der Psychiatrie besuchen. Sie hatten mich noch nicht aufgegeben, obwohl kaum noch Hoffnung bestand.

Als ich wieder mal aus der Psychiatrie entlassen wurde, sagte ich zu meiner Freundin (irgendwie war ich auch wieder einigermaßen klar): „Wir müssen ernste Sache mit Gott machen!“ Auf einmal wusste ich, dass wir was ändern mussten. Innerlich war ich durch das ganze Zeug, das ich erlebt hatte, zerbrochen. Sie kam ja aus christlichem Elternhaus und „wusste Bescheid“.

Von da an hat sich so ziemlich alles verändert. Wir mussten bei ihren Großeltern raus. Die hatten im Laufe der Zeit mitbekommen, was bei ihnen im Haus abging.

Ich merkte, dass ich eine Therapie brauchte. Wenn ich eine machen würde, dann wollte ich in den Wiedenhof. Das Buch *Help, I need somebody* von Walter Heidenreich hatte ich bereits gelesen. Irgendwie faszinierte mich die ganze Geschichte. Den Leiter vom Wiedenhof, Bernd Mette, hatte ich in meiner total abgedrehten Zeit schon kennengelernt und mit ihm darüber gesprochen. Das war bei der Kirchenwoche, die jeden Sommer in See stattfindet. Dort hatte er einen Vortrag über die Drogenproblematik gehalten. Da ich vehement störte und er auch so merkte, wie ich abging, sagte er: „In diesem Zustand können wir ihn nicht aufnehmen!“

Jetzt war ich aber schon ein bisschen anders drauf als noch ein paar Monate zuvor. Ich schrieb eine Bewerbung. Die Antwort: In acht Wochen könnte ich kommen …

Kurz vor dem Wiedenhof rauchte ich noch meine letzte Zigarette. Sogar damit würde ich jetzt aufhören. Mir war ein wenig mulmig. Ich wusste auch nicht wirklich, was jetzt auf mich zukommen würde …

Anfangs war ich im Wiedenhof noch total verpeilt. Ich hatte ein Brett vor dem Kopf und war echt kaputt. Aber ich war nicht umsonst da; Gott begann an mir zu arbeiten. Mit der Zeit fing ich an, mich dort wohlzufühlen, und es wurde mehr ein Zuhause als eine Therapie.

Oliver kümmert sich um ausländische Kids

In den Andachten lernte ich, was es wirklich heißt, mit Jesus zu leben, und worauf es ankommt. Ich gab ihm mein Leben und er gestaltete es neu. Mein ganzes Denken und meine Haltung veränderten sich: Nicht Gesellschaft, Staat oder Eltern waren Schuld an meiner Misere, sondern ich hatte mir alles selbst verbockt. Durch meine „Gegen-alles-und-kein-Bock-auf-nichts"-Einstellung habe ich mein Leben zugrunde gerichtet – und das in kürzester Zeit. Und nicht nur mein Leben, auch das meiner Familie und Freunde habe ich mit reingezogen. Dass Gott gerade mich da rausgeholt hat und mir eine neue Chance gab, ist allein seine Gnade. In den Andachten, Familienabenden und Gottesdiensten war er mir oft so nah, er ist wirklich Liebe.

Das Leben im Wiedenhof ist wie in einer ganz schön großen Familie. Man hat viele Brüder und Schwestern. Es gibt Spiele, Sport, Ausflüge und Fernsehabende … Es gibt auch mal Streit, man versöhnt sich wieder. Und es gibt jemanden, der „das Sagen hat", in diesem Fall die Mitarbeiter …

Ich habe absolut gelernt, dass es wichtig ist, sich was sagen zu lassen, und Dinge, die man gesagt bekommt, auch anzunehmen. Früher konnte ich so was gar nicht. Alles was meine Eltern, die Lehrer oder Politiker sagten, war sowieso nicht richtig und ich wusste es besser. Was mir das gebracht hat und wo mich das hingeführt hat … na ja.

Gearbeitet hatte ich früher eigentlich nie. Das musste ich im Wiedenhof auch lernen. Mit Jesus schaffte ich es, meine „Bocklosigkeit" zu überwinden. Später in der Nachsorge habe ich dann über ein Jahr in einer Fabrik mit Drei-Schicht-System gearbeitet. Das war oft acht Stunden Dauerstress, weil so viel zu tun war. Eine reguläre Pause gab es nicht. In meinem alten Leben hätte ich mir das Ganze vielleicht ein oder zwei Tage angesehen, dann hätte ich gesagt: „Macht euren Sch… alleine!", und wäre gegangen. Doch Gott hatte mich total verändert. Ich habe oft gemerkt, dass ich auf Sachen völlig anders reagierte, als ich das früher getan hätte.

Außerdem wusste ich, dass ich nicht den Rest meines Lebens in so einer Fabrik arbeiten würde. Gott hat einen ganz anderen Plan für mich, davon war ich zutiefst überzeugt.

Woran es im Wiedenhof auch ging, war mein Eigenwille: Wichtig ist nicht immer nur, was ich will, und ob es mir jetzt gerade mal gut geht oder eben nicht. Wichtig ist, nach Gottes Willen zu fragen und herauszufinden, was auf seinem Herzen ist und was er vorhat!

Das wollte ich auch, aber es ging auch ans Eingemachte: mein „altes Leben" radikal zu beenden. Dazu gehörten unter anderem mein Klamottenstil und meine Musik. Außerdem hatte ich ja noch die Beziehung zu meiner Freundin! Doch Gott redete deutlich, ich sollte das alles loslassen. Ich sage nicht, dass mir das immer leicht gefallen ist, aber Gott wusste, was das Beste für mich ist …

Manchmal wäre ich am liebsten einfach abgehauen. Aber wohin? Und was dann? Das ging Petrus auch schon so, als er sagte: „Herr, wohin sollen wir denn noch gehen? Du hast die Worte des ewigen Lebens!" Heute bin ich heilfroh, dass Jesus mich gehalten hat. In der Seelsorge konnte ich Dinge und Lasten loswerden, das hätte ich alleine nie geschafft. Das ist auch ein sehr wichtiger Punkt: Wenn wir unsere Sünden bekennen, ist Gott treu und er vergibt sie uns. Oft hat mein Seelsorger mich sehr ermutigt und mir weitergeholfen, als ich mit meinem Latein am Ende war.

Auch habe ich gelernt, dass man sich annehmen muss, wie man ist. Mit Grenzen, Fehlern und Unfähigkeiten. Es ist total wichtig, nicht darauf zu schauen, was andere besser können oder machen, oder wie sie sind. Gott hat jedem ganz besondere Gaben gegeben, und es ist okay, wenn meine Stärken woanders liegen als bei einem anderen.

Was Gott auch geheilt und erneuert hat, ist die Beziehung zu meinen Eltern und dem Rest meiner Familie. Früher wollte ich nie so ein Leben führen wie sie. Das war mir viel zu langweilig und sinnlos. Jeden Tag arbeiten. Dass sie dadurch eine Familie versorgten und uns Kindern so viel ermöglichten, dafür hatte ich überhaupt keinen Blick. Ich habe sie immer nur angeklagt und schlimm provoziert und die Dinge, die ich haben wollte, von ihnen gefordert. Heute sind wir wieder versöhnt und verstehen uns echt gut! Wir telefonieren oft und ich fahre sie sehr gerne besuchen …

Klar ist mir auch geworden, was mir als Kind innerlich so fehlte: Es war die Nähe und die Vaterschaft Gottes. Eltern können ihren Kindern nicht das geben, was nur Gott ausfüllen kann. Ich habe zutiefst erkannt, dass ich einen Vater im Himmel habe, der etwas Großartiges mit meinem Leben vorhat. Er liebt mich und sehnt sich nach Freundschaft mit mir. Er gibt mir Zuspruch und Hoffnung. Er richtet mich immer wieder auf, auch wenn ich mal nicht alles richtig mache.

Für mich ist Jesus der „Superheld“ der Weltgeschichte. Mit dem, was er getan hat, hat er die ganze Welt gerettet. Er hat den Weg zum Vater frei gemacht. Ich möchte ihm nachfolgen. Ich möchte, dass die Menschen ihn erkennen und erleben.

In See konnte ich mich öffentlich für mein damaliges Verhalten entschuldigen. Bei der Kirchenwoche: Am Anfang meiner Nachsorge durfte ich kurz während Bernd Mettes Predigt etwas sagen. Von der Kanzel aus, in einer gerammelt vollen Kirche! Früher hätte ich dort wahrscheinlich eine Stunde lang irgendeinen Schwachsinn reden können, doch diesmal war ich total aufgeregt. Am liebsten hätte ich einen Rückzieher gemacht! Doch für mich gab es kein Zurück. Ich bat die Leute um Vergebung und bekannte mich zu meinem Herrn. Sie haben sich sehr gefreut und applaudiert. Mein Vater brach in Tränen aus, kam und nahm mich in den Arm.

Den Mitarbeitern vom Wiedenhof bin ich wirklich sehr dankbar. Sie leben in Hingabe an Gott und die kaputten Leute. Sie leben das wirklich: „Gehet hin und machet zu Jüngern …!“ Sie nehmen die vom Leben und der Droge gebeutelten Leute auf und zeigen ihnen, wie sie ein neues Leben mit Gott anfangen können. Das ist absolut genial, wenn auch nicht immer einfach. Ich wollte schon während meiner Reha auch so etwas machen.

Nach meiner Nachsorge machte ich ein Praktikum im Wiedenhof und bin nun seit ein paar Monaten selbst Mitarbeiter.

Gott hat schon jetzt viele meiner Herzenswünsche erfüllt. Wenn das so weitergeht …! Wenn ich darüber nachdenke, wie Gott das alles macht

… Es ist echt genial. Er ist unbegreiflich gut, ein wirklicher Gott der Liebe. Und selbst wenn man mal nicht durch so atemberaubende Zeiten geht: Seine Gnade ist genug!

Ich bin Gott sehr dankbar für das, was er getan hat, und dass er so viel Gnade und Geduld mit mir hat. Nicht, dass ich jetzt perfekt wäre, aber ich bin auf dem richtigen Weg.

Wenn ich heute Leuten erzähle, wie ich früher drauf war, dann kommen Reaktionen wie: „Echt? Das hätten wir ja nie gedacht!" oder: „Du bist einer, von dem man das gar nicht mehr merkt." Wenn ich so was höre, freue ich mich und weiß: „Gott, du hast echt ein Wunder an mir vollbracht."

Insgesamt war ich ungefähr ein halbes Jahr in Psychiatrien eingesperrt. Mich hatten schon viele abgeschrieben. Jesus aber nicht.

Heute schreiben wir das Jahr 2007 und mittlerweile habe ich seit über viereinhalb Jahren keine Zigarette geraucht, keinen Alkohol getrunken und keine Drogen genommen. Ich bin glücklich und gespannt, wie das noch weitergeht. Jesus macht frei.

Was steckt dahinter?

In über dreißig Jahren Reha-Arbeit haben wir viele Hunderte Lebensgeschichten begleitet. Thomas, Heidi, Oliver, Franz, Varvara, Imke und Kai – das sind „Erfolgsstorys“ von Befreiung und Erneuerung Gottes. Es gibt noch zahlreiche andere wie sie, die ebenfalls durch den Glauben an Jesus die Sucht und ihre sehr leid- und schuldvolle Vergangenheit hinter sich lassen konnten. Wunder, die einfach so vom Himmel purzeln? Am Anfang einer jeden Geschichte steht tatsächlich das Wunder, das Wunder der Bekehrung und Wiedergeburt, die persönliche Offenbarung von Jesus, die Begegnung mit dem Vater im Himmel. Die lebendige Beziehung zu Jesus und die Versöhnung mit dem himmlischen Vater sind und bleiben das Zentrum und bilden die Grundlage für einen neuen Lebensstil, der gelernt und trainiert werden will.

Doch es gibt auch Faktoren, auf die jeder selbst Einfluss nehmen kann. Sie entscheiden maßgeblich mit darüber, ob die Therapie – und damit ein drogen- und substitutionsfreies Leben – gelingt oder nicht. Die Lebensgeschichten machen das sehr deutlich: Immer wieder stößt man auf ähnliche Punkte, an denen der Glaube zur Kraft und die Nachfolge Jesu ganz praktisch und alltagsbezogen wird.

Leider erleben wir auch immer wieder, dass jemand nur zu einem sehr oberflächlichen und schwachen Glauben findet, ständig rückfällig wird und schließlich wieder abfällt. Dafür gibt es Gründe, z. B. Mangel an Buße, zu wenig klare Abgrenzung vom alten Denken und alten Lebensstil. Buße bedeutet „Sinnesänderung“, d. h. Änderung der Denkweise, grundlegende Aufgabe des alten Denkens und Lebensstils.

Ob der Glaube zur Kraft wird, die das ganze Leben durchdringt, die Sucht überwindet und in die dauerhafte Freiheit führt, oder ob er oberflächliche christliche Theorie bleibt – das entscheidet in unserem „Metier“ buchstäblich über Leben und Tod. Entsprechend tauchen bestimmte zentrale Themen in vielfältiger Variation beständig in unseren Andachten auf.

Auf den folgenden Seiten möchten wir diese geistlichen Inhalte und Zusammenhänge transparent machen. Für die christliche Drogenreha sind dies zentrale Themen, sie können aber auch jedem Christen wertvolle Impulse geben. Denn auch in der persönlichen Nachfolge und in Gemeinden krankt es oft an Punkten wie Stabilität und Wachstum.

Eigenwille oder Gottes Wille?

In einer Ravensburger Gemeinde fanden wir vor dreißig Jahren folgenden Spruch: „Die wahre Bekehrung besteht doch gewiss nicht darin, dieses oder jenes für Gott zu tun oder zu lassen, sondern ein für allemal den eigenen Willen aufzugeben und in allem den Willen Gottes zu suchen."

Dieser Satz drückt es so treffend aus, dass er für jeden jederzeit sichtbar in unserem Gemeinschaftswohnzimmer hängt. Den eigenen Willen aufgeben, in allem den Willen Gottes suchen – das ist absolut konträr zur Suchtmentalität. Abhängige haben einen ausgeprägten Eigenwillen: Man setzt seinen Dickkopf durch, man hat seine Maschen und Methoden zum Manipulieren, man lässt sich von niemandem etwas sagen. Man macht nur das, wozu man gerade Bock hat, alles andere bleibt liegen.

Was passiert, wenn Jesus in das Leben eines Menschen kommt? Das heißt doch: Jesus ist der Herr – nicht mehr der Eigenwille, die eigenen Ideen, Lust oder Unlust. Jesus selbst hat das bis ins Allerletzte vorgelebt. In der schweren Stunde in Getsemane betete er: „Nicht wie ich will, sondern wie du willst."

Wir müssen lernen zu tun, was Gott sagt, ganz praktisch und konkret im Alltag. Möglichkeiten dazu bietet das Leben in Gemeinschaft mehr als genug. „Streich diese Wand grün", sagt der Mitarbeiter einem Gast in der Arbeitszeit. Und schon geht die Diskussion los: „Grün sieht doch nicht aus. Ich finde blau besser." Bockig und widerwillig wird die Wand dann grün gestrichen. Eigenwillig sein oder lernen, den eigenen Willen aufzugeben? Oder bei der Auswahl des Films am freien Nachmittag: „Nöööhh, diesen Film find ich langweilig, können wir nicht den hier ansehen?" Manipulieren, tricksen und nerven, bis man seinen Willen kriegt. Das sind nur sehr harmlose, alltägliche Beispiele. Doch man kann davon ausgehen: So wie einer mit diesen Kleinigkeiten umgeht, so ähnlich geht er auch mit den wirklich wichtigen Dingen des Lebens um. Die Leute, die zu uns kommen, sind mit ihrem Leben gründlich vor die Wand gefahren. Wenn sie nicht anfangen, Rat anzunehmen und zu akzeptieren und zu tun, was ihnen gesagt wird, z. B. in seelsorgerlichen

Einzelgesprächen, dann werden sie kaum weiter kommen als vorher. Jeder, der in diesem Buch berichtet, hat ernst genommen, was ihm Gott und die ihm zur Seite gestellten Menschen sagten, und es auch im Alltag durchbuchstabiert.

Die Bibel äußert sich unmissverständlich klar über die Wichtigkeit und den Segen des Gehorsams und die schlimmen Folgen des Ungehorsams, von denen unsere Gäste ein Lied singen können: „Wer an den Sohn glaubt, der hat das ewige Leben. Wer aber dem Sohn nicht gehorsam ist, der wird das Leben nicht sehen, sondern der Zorn Gottes bleibt über ihm“ (Johannes 3,36). Wer nicht gehorsam wird, bleibt unter Gottes Zorn.

Was ist denn eigentlich Gottes Wille für mein Leben, für meine Familie, für meine Berufswahl usw.? Über dieses Thema ist viel gesagt worden. Was ist der Wille Gottes? Das herauszufinden ist gar nicht so schwer, wie wir oft denken mögen, denn schon die Bibel sagt uns sehr präzise, was Gottes Wille ist. Es gibt vier Stellen, die es uns erstaunlich klar und deutlich zeigen.

Dankbarkeit

„Seid dankbar in allen Dingen; denn das ist der Wille Gottes in Christus Jesus an euch“ (1. Thessalonicher 5,18). Wer dankbar wird, hört auf zu murren, zu meckern und zu nörgeln. Dankbar sein in allen Dingen – auch wenn nicht mein Lieblingsessen auf dem Tisch steht, wenn ich ausgerechnet neben dem sitzen muss, mit dem ich am wenigsten klarkomme, wenn das Wetter wieder mal erbärmlich ist, wenn ich gerade knapp bei Kasse bin. Indem wir Dankbarkeit trainieren, selbst wenn es unseren Gefühlen widerstrebt, entwickeln wir einen entsprechenden Lebensstil und ein grundlegend zufriedenes Lebensgefühl.

Verkündigung

„... welcher will, dass allen Menschen geholfen werde und sie zur Erkenntnis der Wahrheit kommen“ (1. Timotheus 2,4).

Heidi hat das konsequent gelebt – nicht erst in Wien beim Evangelisieren unter Drogenabhängigen, sondern schon viel früher, als ihr Mann rückfällig wurde und ihre Ehe zerbrach. Sie kümmerte sich um ihre Nachbarn, war für andere da und drehte sich so nicht um sich selbst und ihre Probleme. Hilfesuchende und Obdachlose im Missionshaus in Lüdenscheid, Straßenkinder und Drogenabhängige in Asien, Prostituierte in Dortmund, Teenager in Ostdeutschland – Gott ist es ein Anliegen, dass allen geholfen wird und dass alle Jesus erkennen. Er hat uns nicht zum

Selbstzweck errettet, sondern damit wir diesen seinen Willen tun. Jede einzelne der Geschichten in diesem Buch ist ein Beispiel dafür, wie sich Segen multipliziert und ein Leben reich macht, weil das gelebt wird.

Gutes tun

„Denn das ist der Wille Gottes, dass ihr mit guten Taten den unwissenden und törichten Menschen das Maul stopft“ (1. Petrus 2,15).

Natürlich geht es nicht darum, sich mit „guten Taten“ irgendetwas zu verdienen, geschweige denn durch Werke das Gewissen zu reinigen. Wo wir sind und leben, sind wir aufgefordert, unser Umfeld zum Positiven zu verändern. Für unsere Gäste ist es oft schwierig, wenn sie in die Nachsorge kommen und an ihrem Arbeitsplatz einem Umfeld ausgesetzt sind, in dem nicht nach christlichen Maßstäben gelebt wird. Negatives Gerede über andere, schmutzige Witze, Alkohol und Zigaretten, Anmache und Mauscheleien sind da schon mal an der Tagesordnung. Wir sagen ihnen immer: „Es geht nicht darum, dass du jemanden anpredigst und von ihm forderst, irgendein Gebot einzuhalten. Sei nicht der Moralapostel, sondern sei ein Diener. Tu Gutes, rede weniger und lebe stattdessen mehr. Sei hilfsbereit, mach deine Arbeit gut, sei freundlich. Das sagt mehr als jede Predigt.“

Heiligung

„Denn das ist der Wille Gottes, eure Heiligung, dass ihr meidet die Unzucht“ (1. Thessalonicher 4,3).

Heiligung, das bedeutet Reinheit als Lebensstil. Heiligung ist ein Prozess, der Beichten notwendig mit einschließt. Absolut perfekt und sündlos zu sein werden wir hier auf Erden nicht schaffen, das wäre nur ein fürchterlicher religiöser Krampf ohne Erfolg. Aber wir sind aufgefordert, bestimmte Dinge zu meiden, die zur Sünde verführen. Ein klarer Umgang mit dem anderen Geschlecht ist für die meisten unserer Gäste Neuland. Filme, Musik, Illustrierte und Werbung suggerieren eine Welt, in der Lust in jeglicher Form ausgelebt werden kann und sollte. Treue, Verzicht und Selbstdisziplin sind konträr zu allem, was Drogenabhängige leben – und in der heutigen Zeit sehr unpopulär. Nicht aber bei Gott! Heiligung hat mit Verzicht zu tun. Weil ich etwas habe, was kostbar ist (Leben mit Jesus), verzichte ich auf das, was dem schadet.

***

Diese Dinge, die ich hier nur kurz angerissen habe, muss man trainieren, damit sie Teil des Lebens werden und nicht oberflächliches Kopfwissen bleiben. Zahlreiche Verheißungen, die mit stabilem und erfülltem Leben zu tun haben, sind daran geknüpft, dass man nicht den eigenen Willen tut, sondern nach Gottes Willen fragt:

Gottes Willen zu tun macht satt

In Johannes 4,34 sagt Jesus zu seinen Jüngern, dass es seine Speise ist, Gottes Willen zu tun. Speise macht satt. Ein Mensch wird wirklich satt in seiner Seele, wenn er Gottes Willen tut. Satt sein bedeutet auch: Die Sucht ist vorbei. Das ewige Hungerhaben und Doch-nie-satt-Werden findet ein Ende. Die Seele muss nicht mehr krampfhaft nach irgendetwas hecheln, was den Hunger stillt, z. B. Drogen, Anerkennung, Beachtung, Konsum, Lust etc.

Alle, die in diesem Buch berichten, hatten über Jahre versucht, das Verlangen und den Hunger in ihrer Seele mit Rausch zu befriedigen. Sie waren leer, hungrig und verbraucht, als sie im Wiedenhof ankamen. Manche von ihnen sehe ich täglich, andere, wie z. B. Thomas, der auf den Philippinen lebt, seltener. Wenn man einen von ihnen trifft, kommt immer eines rüber: Da führt einer ein erfülltes, reiches Leben. So erfüllt, reich und satt, dass genug für andere da ist.

Gottes Willen zu tun gibt Familie und Geborgenheit

Die Sehnsucht nach Zugehörigkeit, der Schmerz über zerbrochene Familien und die Suche nach Geborgenheit führen viele junge Leute in die Sucht. Wer den Willen Gottes tut, findet Familie und Geborgenheit: „Denn wer Gottes Willen tut, der ist mein Bruder und meine Schwester und meine Mutter." Familie bedeutet Zugehörigkeit, Geborgenheit und Identität. Kais Familie zerbrach, als er ein Kind war. Im Teenager-Alter versuchte er alles Mögliche, um irgendwo dazuzugehören. Keine eigene Identität, keine Geborgenheit. So landete er schließlich bei Drogen. Dann kam er in eine Gemeinschaft, in der nach dem Willen Gottes gefragt und gelebt wird (Missionshaus, später Wiedenhof). Sofort empfand er Geborgenheit und ein Gefühl von Familie. Heute ist er selbst Teil eines Teams in Ostdeutschland, zu dem Kinder und Teenager, teils aus zerrütteten Familien, gerne kommen, weil sie dort Geborgenheit erleben. Die Verheißung, Familie zu haben und Geborgenheit zu erleben, wenn man Gottes Willen tut, gilt also nicht nur für einzelne Personen. In einer Gemeinschaft/Gemeinde, die nach dem Willen Gottes fragt, wird Geborgenheit und Familie spürbar sein.

Gottes Willen zu tun schafft Durchblick

Auch die Suche nach Erkenntnis, nach Antworten und Sinn gehört zu den elementaren Bedürfnissen. Wie viele Menschen haben überhaupt keinen Durchblick mehr! Ihr Leben geht irgendwie seinen Gang, aber sie sehen keinen Sinn, kein Ziel und haben den Durchblick völlig verloren. Und auch hierfür gibt es eine Verheißung: „Wer von euch bereit ist, Gottes Willen zu tun, der wird erkennen …" (Johannes 7,17, Hoffnung für alle). Wir erleben es immer wieder: Wenn jemand zu uns in die Therapie kommt und anfängt, nach Gottes Willen zu fragen, dann wird es hell in seinem Leben. Das Chaos im Kopf verschwindet, wie bei Oliver und bei zahlreichen anderen, die durch chemische Drogen sehr verwirrt waren. Wenn sie Gottes Willen zu tun beginnen, wie es vorhin beschrieben wurde, beginnen sie auch zu verstehen, angefangen damit, dass das Gewissen erwacht und Selbsterkenntnis kommt. Aber auch in Alltagssituationen lernen sie, die Dinge richtig anzupacken, und wir Mitarbeiter müssen ihnen nicht mehr pausenlos sagen, wo es langgeht.

Heidi brauchte Weisheit und Durchblick, um mit ihren Töchtern im Teenager-Alter umgehen zu können. Früher hätte sie sich nie zugetraut, eine Mutter zu sein. Doch sie hat ihr Leben komplett Gott gegeben und die Grundsatzentscheidung getroffen, nach seinem Willen zu leben. Sie bezeugt, dass sie Dinge dann ganz anders beurteilen konnte, als es ihr früher möglich gewesen wäre. Das hat ihr in der Erziehung ihrer Töchter Sicherheit gegeben.

Gottes Willen zu tun macht beständig

Labilität und Unbeständigkeit sind typisch für Abhängige: heute so, morgen so. Hin und her geworfen von Stimmungen, Launen, Umständen und dem Zeitgeist. Viele gute Vorsätze, doch wenig Erfolg bei der Umsetzung. Die wenigsten haben es geschafft, eine Sache bis zu Ende durchzuziehen, besonders wenn das mit Schwierigkeiten verbunden war. Beständigkeit und Stabilität sind Verheißungen für den, der Gottes Willen tut: „Die Welt vergeht mit ihrer Lust; wer aber den Willen Gottes tut, der bleibt in Ewigkeit" (1. Johannes 2,17). Bei diesem Thema taucht vor meinem inneren Auge sofort Franz auf, der kreuz und quer durch Deutschland zog, zig Jobs hatte, ständig wechselnde Beziehungen, null Beständigkeit, aber jede Menge Eigensinn. Heute ist das anders. Seit Jahren lebt Franz bei uns in verbindlicher Gemeinschaft – mit allen Höhen und Tiefen, Erfolgserlebnissen und Durststrecken. Und mit der Bereitschaft, sich etwas sagen zu lassen und Rat anzunehmen – im absoluten Gegensatz zu früher.

Jeder in diesem Buch ist ein lebendiger Beweis für die Verheißung von Beständigkeit, mancher schon seit zwanzig Jahren, ein anderer seit fünf. Wer über Jahre ohne Rückfall lebt, wer in Schwierigkeiten, Krankheit, beruflichen und dienstlichen Herausforderungen ‚drangeblieben' ist an Jesus, wer trotz zwischenmenschlicher Disharmonien und Misserfolgen seiner Gemeinschaft, Familie etc. treu geblieben ist, bei dem kann man wirklich von Beständigkeit sprechen.

***

Das Leben im Willen Gottes befriedigt also die zentralen menschlichen Bedürfnisse:

Hunger (der Seele): „Meine Speise ist es, Gottes Willen zu tun" (Johannes 4,34),

Geborgenheit: „Wer Gottes Willen tut, ist mir Mutter, Bruder, Schwester" (Markus 3,35),

Durchblick, Erkenntnis: „Wenn jemand seinen Willen tun will, der wird erkennen" (Johannes 7,17),

Beständigkeit: „Die Welt vergeht mit ihrer Lust, wer aber Gottes Willen tut, bleibt in Ewigkeit" (1. Johannes 2,17).

Ein eigenwilliger Mensch hingegen bleibt labil und gefährdet. In Jesaja 42,24 wird Israel den Räubern und Plünderern übergeben, weil sie nicht auf Gottes Wegen gehen wollten: „Wer hat Jakob der Plünderung preisgegeben und Israel den Räubern? Hat es nicht der Herr getan, an dem wir gesündigt haben? Und sie wollten nicht auf seinen Wegen wandeln, und sie gehorchten seinen Weisungen nicht." Die Seele wird ausgeraubt und geplündert, und es bleibt die große Leere, die Wüste. In Matthäus 23,37.38 sagt Jesus: „Wie oft habe ich deine Kinder versammeln wollen, wie eine Henne ihre Küken versammelt unter ihre Flügel; und ihr habt nicht gewollt! Siehe, euer Haus soll euch wüst gelassen werden." Ich wollte euch sammeln (schützen), aber ihr habt nicht gewollt, so wird euer Leben zur Wüste – zur großen Öde.

Wer nicht nach Gottes Willen für sein Leben fragt,
bleibt ein geistlicher Wackel- und Rückfallkandidat.
Wer geistlich stabil werden will,
muss nach Gottes Willen für sein Leben fragen.

Unabhängig oder unter Gottes Schirm sein?

Es gibt einen einzigartigen Psalm über Gottes Schutz, den Psalm 91. „Wer unter dem Schirm des Höchsten sitzt und unter dem Schatten des Allmächtigen bleibt, der spricht zu dem Herrn: Meine Zuversicht und meine Burg, mein Gott, auf den ich hoffe." Zusammenfassend sagt dieser Psalm: Unter dem Schirm des Höchsten trifft dich kein Unheil, keine verderbliche Pest. Und wenn Zehntausend fallen, wird es dich nicht treffen.

Wir möchten gerne jeden unserer Gäste in dieser schützenden Burg unterbringen. Oft beruft man sich recht locker auf den Schutz Gottes, dennoch werden viele von Unheil getroffen oder fallen wieder ab. Wie kann das sein?

Auf der Suche nach einer Antwort hatte ich einmal einen großen Schirm mit sieben Metallstangen vor Augen, über die der schützende Stoff gespannt war. Auf den Streben standen Bibelverse, die klare Anleitung über Einordnung und Unterordnung in den Hauptbereichen unseres Lebens geben:

Familie

Kolosser 3,18-20: „Ihr Frauen, ordnet euch euren Männern unter, wie sich's gebührt in dem Herrn. Ihr Männer, liebt eure Frauen und seid nicht bitter gegen sie. Ihr Kinder, seid gehorsam den Eltern …" Hier werden bestimmte, von Gott eingesetzte Ordnungen innerhalb der Familie deutlich – eine der Streben in dem Schirm.

Manch einer, der zu uns kommt, hat einen familiären Hintergrund, der einem die Tränen in die Augen treiben kann: Heim, Scheidung, Missbrauch, Gewalt etc. Wie kann jemand, der Familie nie kannte oder nur ein Zerrbild davon erlebte, ein Ja zu familiären Ordnungen finden? Ich muss an eine Frau denken, die handfeste Tätlichkeiten von ihrem strengen Vater erlitten hatte. Sie lernte Gott als ihren Vater kennen, vergab ihrem Vater und bat ihn um Vergebung für alles, was sie ihm durch ihre Drogen- und Kriminalitätsgeschichte angetan hatte. Statt in ihrer Anklage zu verharren, nahm sie Gott beim Wort und tat Buße darüber, dass sie ihren Vater nie geehrt hatte. Das wendete alles – keine Bitterkeit mehr. Kürzlich fuhr sie zum ersten Mal seitdem nach Hause, ihren Vater besuchen. Begeistert kam sie wieder und berichtete von dem herzlichen Umgang und der guten Zeit mit ihm. Früher wäre das undenkbar gewesen.

In all den Jahren haben wir immer wieder gesehen, dass Menschen durch das Aussprechen von Vergebung eine tiefe Heilung der Wunden aus ihrer Vergangenheit erfahren. Doch auch die Gäste aus guten familiären Verhältnissen haben sich irgendwann einmal gegen ihre Eltern aufgelehnt. Das zieht immer negative Folgen nach sich – siehe z. B. Franz –, denn es ist eine Verheißung daran geknüpft, die Eltern zu ehren: „‚Ehre Vater und Mutter', das ist das erste Gebot, das eine Verheißung hat: ‚auf dass dir's wohlgehe und du lange lebest auf Erden'" (Epheser 6,2). Umgekehrt könnte man also sagen: „Ehre Vater und Mutter nicht, dann wird es dir schlecht gehen und du wirst nicht lange leben" ... Die Versöhnung mit den Eltern ist daher ein wichtiger Bestandteil der Therapie.

Gemeinde

Hebräer 13,17 (Einheitsübersetzung): „Gehorcht euren Vorstehern und ordnet euch ihnen unter …" Etwas Ähnliches steht in 1. Thessalonicher 5,12: „… erkennt an, die an euch arbeiten und euch vorstehen in dem Herrn und euch ermahnen." Die Ordnung innerhalb der Gemeinde ist ein weiterer Bestandteil des Schirms.

Dass wir Gott gehorchen sollen, ist wohl jedem Christen mehr oder weniger klar. Aber Menschen?!? Doch genau das lehrt uns die Bibel.

Die Geschichte von Mirjam und Aaron, die sich gegen Mose auflehnen, macht deutlich, dass Gott nicht mit sich spaßen lässt, wenn der von ihm eingesetzte Leiter angegriffen wird.

Natürlich geht es nicht um blinden Menschengehorsam, sondern um eine Grundsatzentscheidung, geistliche Leiterschaft zu respektieren, Rat anzunehmen und gehorsam zu sein.

Der Eigenwille will sich nichts sagen lassen, keinen Rat annehmen und schon gar keine Anweisung. Franz ist plötzlich mit einem zehn Jahre jüngeren Mitarbeiter konfrontiert, der ihm etwas zu sagen hat – bei Franz schaltet alles auf Auflehnung. Doch er hat die Grundsatzentscheidung getroffen, sich unterzuordnen, statt wie früher der Besserwisser und Rebell zu sein.

Beruf

Kolosser 3,22: „Ihr Sklaven, seid gehorsam in allen Dingen euren irdischen Herren, nicht mit Dienst vor Augen, um den Menschen zu gefallen, sondern in Einfalt des Herzens und in der Furcht des Herrn." Eine moderne Bibelübersetzung (Hoffnung für alle) schreibt es so: „Wer Vorgesetzte hat, der soll sie in jeder Beziehung als solche anerkennen." Das Gleiche steht in 1. Petrus 2,18: „Ihr Sklaven, ordnet euch in aller Furcht den Herren unter, nicht allein den gütigen und freundlichen, sondern auch den wunderlichen."

Klar, schon in den Arbeitsbereichen im Wiedenhof wird das tagtäglich durchbuchstabiert. In der Küche: „Schneide die Paprika so", in der Holzwerkstatt: „Baue die Kommode so und so", bei der Wäsche: „Wir legen die Handtücher so zusammen." Ein gelernter Schreiner würde vielleicht manchen Handgriff beim Kommodenbau anders machen, doch der Mitarbeiter, der eine bestimmte Anweisung gibt, hat schon seinen Grund dafür. Wenn einer bereits in der Therapie lernt, genau zuzuhören und die Dinge so zu erledigen, wie sie ihm gesagt werden, dann wird er während der Nachsorge in seinem Job weniger Mühe damit haben. So wandelt sich ein ehemals unbrauchbarer, fauler Freak zu einem brauchbaren, zuverlässigen, verantwortungsvollen Mitarbeiter. Es geht nicht um einen „Kadavergehorsam", d. h. ohne Eigenverantwortung alles in blindem, stumpfem Gehorsam abzunicken; es geht darum, lebenstauglich und gesund zu werden. Und die Bibelstelle sagt es: Wer zuverlässig und treu seine Arbeit tut, der ehrt Jesus damit.

Staat

Römer 13,1-7: „Jedermann sei untertan der Obrigkeit, die Gewalt über ihn hat. Denn es ist keine Obrigkeit außer von Gott; wo aber Obrigkeit ist, die ist von Gott angeordnet. Wer sich nun der Obrigkeit widersetzt, der widerstrebt der Anordnung Gottes; die ihr aber widerstreben, ziehen sich selbst das Urteil zu. Denn vor denen, die Gewalt haben, muss man sich nicht fürchten wegen guter, sondern wegen böser Werke. Willst du dich aber nicht fürchten vor der Obrigkeit, so tue Gutes; so wirst du Lob von ihr erhalten. Denn sie ist Gottes Dienerin, dir zugut. Tust du aber Böses, so fürchte dich; denn sie trägt das Schwert nicht umsonst: Sie ist Gottes Dienerin und vollzieht das Strafgericht an dem, der Böses tut. Darum ist es notwendig, sich unterzuordnen, nicht allein um der Strafe, sondern auch um des Gewissens willen. Deshalb zahlt ihr ja auch Steuer; denn sie sind Gottes Diener, auf diesen Dienst beständig bedacht. So gebt nun jedem, was ihr schuldig seid: Steuer, dem die Steuer gebührt; Zoll, dem der Zoll gebührt; Furcht, dem die Furcht gebührt; Ehre, dem die Ehre gebührt." Das ist klar, deutlich und unmissverständlich: Ordnet euch den staatlichen Autoritäten unter.

Oje! Direkt gegenüber vom Wiedenhof ist die große Polizeihauptwache; das hat schon so manche Therapie fast ins Wanken gebracht. Jeder Blick aus dem Fenster – direkt auf die Polizei, den besten Freund und Helfer unserer Gäste! Dann der Gang zum Sozialamt und zur Krankenkasse: Der kitzelt in manch einem die tiefe Aversion gegen jegliche staatliche Autorität hervor. Die 68er-Generation lebte in offenem Protest gegen so ungefähr alles, was mit Staat zu tun hatte, Punks nach dem Motto *„I believe in anarchy"* (Ich glaube an die Anarchie): Hauptsache dagegen. Tiefe Skepsis gegenüber Staat und Gesellschaft hegt auch die Hip-Hop-Szene – die meisten Subkulturen sind durchdrungen von Misstrauen und Protest gegen Autorität. Dieses Gedankengut richtet sich massiv gegen von Gott gesetzte Ordnungen. Entsprechend wichtig ist die tiefe, echte Loslösung und Abkehr von derartigen Einstellungen sowie Bejahung und Respekt gegenüber Beamten, dem Staat, der Polizei.

Umgang mit Mitmenschen

Epheser 5,21: „Ordnet euch einander unter in der Furcht Christi" – im normalen, täglichen Miteinander, wo es nicht um Positionen oder Ämter geht, sondern um die zwischenmenschliche Begegnung.

Unter den Häftlingen im Gefängnis gibt es Rangordnungen: Es ist klar, wer das Sagen hat, wer oben und wer unten ist. Macho-Gehabe unter den

Männern, Zicken-Alarm bei den Frauen ... überall geht es doch darum, gut dazustehen. Jeder will der Größte, Beste, Coolste, Schönste sein. Und wehe, da kommt einer, der an dem Sockel kratzt! Dann scheppert's. Oder wenn ein Gast sich untersteht, dem anderen etwas zu sagen: „Was hast du mir denn zu sagen?“ Doch wer versteht, was Jesus über Groß- und Kleinsein sagt, der wird nicht mehr viele Konflikte im Zusammenleben mit anderen haben: „Wer unter euch groß sein will, der sei euer Diener“ (Matthäus 20,26).

Menschliche Ordnungen

1. Petrus 2,13: „Seid untertan aller menschlichen Ordnung um des Herrn willen.“ Diesen Ordnungen begegnen wir ständig und überall: Straßenverkehrsordnung, Hausordnung, Schulordnung, Betriebsordnung etc. Wer überall seine eigenen Ordnungen aufrichtet, statt die jeweils geltenden Regeln zu respektieren, muss sich nicht wundern, wenn er „im Regen steht“, weil der Schirm nicht dicht ist.

Hand Gottes

1. Petrus 5,6: „So demütigt euch nun unter die gewaltige Hand Gottes, damit er euch erhöhe zu seiner Zeit.“ In unabänderlichen Gegebenheiten, wie z. B. Schicksalsschlägen, sollen wir uns unter Gottes Hand fügen, statt Bitterkeit zu entwickeln. Wie habe ich mich als Kind und als Teenager für meine Herkunft geschämt! Wir hatten nicht so viel Geld und wir wohnten in einem Randgebiet, das so uncool und dörflich war wie nur irgendwas. Als Jesus in mein Leben kam, konnte ich das alles irgendwann annehmen, da ich wusste: Gott macht keine Fehler. Bei Schicksalsschlägen wie Todesfällen oder Krankheit ist es wunderbar, wenn man dahin kommt, von Herzen sagen zu können: Ich vertraue Gott, dass er keine Fehler macht. Thomas ließ sich von der Diagnose seines Arztes nicht verbittern, sondern vertraute Gott. Und Gott hat dieses Vertrauen belohnt: Thomas ist ein Zeugnis und eine Ermutigung für viele, sein Leben ist ein echter Segen für andere geworden.

***

Die sieben genannten Bereiche umfassen so ziemlich unser gesamtes Lebens- und Wirkungsfeld. Überall begegnen wir bestimmten Ordnungen und Personen, die für Autorität stehen. Autorität – ein Begriff, der für die Leute, die zu uns in die Therapie kommen, zumeist äußerst negativ besetzt ist. Denn Auflehnung gegen Autoritätspersonen jeglicher Art (Eltern, Lehrer, Polizei, Chef etc.) zieht sich wie ein roter Faden durch das Leben unserer Gäste. In der Therapie versuchen wir, rebellische Haltungen zu ändern und Respekt vor der Obrigkeit sowie Unterordnung in den einzelnen Bereichen zu lernen. Das funktioniert nur mit Erkenntnis und ohne Druck.

Imke beschreibt zum Beispiel, wie sie in einer bestimmten Situation mit ihrem eigenen Inneren konfrontiert war und plötzlich merkte, wie sehr alle ihre Reaktionen von Rebellion bestimmt waren. Aus dieser Erkenntnis heraus kam Veränderung, und im Gegensatz zu früher konnte sie sich nun etwas sagen lassen.

Die Basis dafür ist eine geistliche Wiedergeburt, wie sie in der Bibel beschrieben wird: „Wahrlich, wahrlich, ich sage dir: Es sei denn, dass jemand von Neuem geboren werde, so kann er das Reich Gottes nicht sehen." Das Wunder der Wiedergeburt bedeutet totale Erneuerung, ein neues Herz und neues Denken: „Darum: Ist jemand in Christus, so ist er eine neue Kreatur; das Alte ist vergangen, siehe, Neues ist geworden" (2. Korinther 5,17). „Und ich will ihnen ein anderes Herz geben und einen neuen Geist in sie geben und will das steinerne Herz wegnehmen aus ihrem Leibe und ihnen ein fleischernes Herz geben, damit sie in meinen Geboten wandeln und meine Ordnungen halten und danach tun" (Hesekiel 11,19).

Es reicht nicht, dass jemand erkennt, was richtig wäre. Wenn die Ursachen für Rebellion nicht an der Wurzel gepackt und beseitigt werden, ist eine echte, tiefe Sinnesänderung nicht möglich. Rebellion hat folgende Wurzeln:

Adams Erbe

„Deshalb, wie durch einen Menschen [Adam] die Sünde [die Rebellion] in die Welt gekommen ist und der Tod durch die Sünde, so ist der Tod zu allen Menschen durchgedrungen, weil sie alle gesündigt haben" (Römer 5,12). Humanismus und moderne Psychologie klammern diesen Bereich gänzlich aus. Doch nicht nur Lebensumstände und Probleme stören unser Verhältnis zu Autorität. Die Wurzel geht viel tiefer; sie reicht zurück bis zum Sündenfall, bis zu Adams Auflehnung gegen Gott. Wir Menschen tragen dieses negative Erbe in uns – und brauchen Erlösung davon. Durch die Bekehrung zu Jesus und das Annehmen seiner Gnade werden wir von dieser Wurzel erlöst. Das macht auch jede dieser Lebensgeschichten sehr deutlich: Die echte, persönliche Begegnung mit Jesus, die Bekehrung und Wiedergeburt sind die Basis für Veränderung, Befreiung und neues Leben.

Der Zeitgeist

„Mein Sohn, fürchte den Herrn und den König und menge dich nicht unter die Aufrührer" (Sprüche 24,21).

„Und weil die Ungerechtigkeit überhandnehmen wird, wird die Liebe in vielen erkalten" (Matthäus 24,12).

Der Blick in die Jugend- und Subkulturen der letzten Jahrzehnte und in deren Musikszene zeigt, dass Rebellion gegen Eltern, Lehrer, Staat und Gesellschaft quasi zum guten Ton gehört. Eine radikale Loslösung davon ist entsprechend wichtig.

Vaterprobleme

„Und ihr Väter, reizt eure Kinder nicht zum Zorn, sondern erzieht sie in der Zucht und Ermahnung des Herrn" (Epheser 6,4).

„Seid ihr aber ohne Züchtigung, die doch alle erfahren haben, so seid ihr Ausgestoßene und nicht Kinder" (Hebräer 12,8).

Viele unserer Gäste haben ein sehr gestörtes Verhältnis zu Vaterschaft: Jähzorn, überzogene Strenge bis hin zu Misshandlung durch Väter oder Stiefväter haben ein positives Erleben von Erziehung unmöglich gemacht und in tiefe Rebellion geführt. Aber auch die Vaterlosigkeit und der Mangel an Erziehung bewirken Ablehnung von Autorität.

Verletzungen

„Ein gekränkter Bruder ist abweisender als eine feste Stadt, und Streitigkeiten sind hart wie der Riegel einer Burg" (Sprüche 18,19).

Wer verletzt ist, wird unfähig zu vertrauen. Verletzungen aus der Kindheit, aber auch aus dem Alltag, bringen Misstrauen und Bitterkeit hervor. Der verletzte Mensch verschließt sich und ist nicht fähig, sich ein- und unterzuordnen.

Verwöhnung

„Wenn ein Knecht von Jugend auf verwöhnt wird, so wird er am Ende widerspenstig sein" (Sprüche 29,21).

Verwöhnen ebnet den Weg für Ungehorsam und Auflehnung. Denn Verwöhnung heißt auch Mangel an Erziehung und Konsequenz.

***

Bei uns um die Ecke ist eine Fahrschule, wo die meisten unserer Ehemaligen ihren Führerschein machen. Das sind über die Jahre ganz schön viele, da manch einer seinen Führerschein wegen Betäubungsmittelmissbrauchs losgeworden war und dann wieder neu machen muss. Neulich traf ich einen der Fahrlehrer in einer Bäckerei. Er sprach mich an: „Was ich schon immer mal sagen wollte: Die Leute, die von euch kommen, sind eine Wohltat. Die sind irgendwie anders. Der Umgang mit ihnen ist sehr angenehm, denn sie lernen willig, diszipliniert und konzentriert." Das ist echt ein tolles Statement, finde ich! Es drückt aus: Im ganz normalen Leben unter Nichtchristen ist es spürbar, dass Leute gelernt haben, in Respekt und Unterordnung zu leben. Sie kommen im Alltag zurecht und sind lebenstauglich geworden. Früher waren sie ein Fluch in der Gesellschaft, jetzt sind sie ein Segen.

Auch die Unterordnung unter Autorität und Einordnung in den Leib Christi (Gemeinde) gelingt, wenn die Grundfrage der Nachfolge geklärt ist, nämlich das eigene Leben aufzugeben: „Will mir jemand nachfolgen, der verleugne sich selbst und nehme sein Kreuz auf sich und folge mir. Denn wer sein [Eigen-] Leben erhalten will, der wird's verlieren; wer aber sein Leben verliert um meinetwillen, der wird's finden" (Matthäus 16,24-25).

Wer nicht lernt, sich ein- und unterzuordnen,
wird nicht wachsen und bleibt ein geistlicher
Wackel- und Rückfallkandidat.
Wer wachsen und geistlich stabil werden will,
muss lernen, sich unterzuordnen.

Schuld verschieben oder Schuld bekennen?

In 1. Korinther 11,30 stellt Paulus fest: „Darum sind auch viele Schwache und Kranke unter euch …" Wenn man weiterliest, merkt man, dass es auch anders ginge: nämlich, wenn wir uns selber richten würden und nicht den anderen. Ich glaube nicht, dass in unserer Gemeinschaft viele Rückfällige und geistlich schwache Menschen sein sollten. Im Gegenteil – wir möchten gerne hören: „Darum sind viele Starke und Gesundete unter euch, weil ihr euch selbst richtet."

Eckt einer unserer Gäste ständig an und hat mit Hinz und Kunz Streit, dann helfen auch hundert Gespräche mit der Bezugsperson nicht unbedingt weiter, jedenfalls nicht, wenn es dabei immer nur darum geht, sich über die anderen zu beschweren. Viel einfacher, unkomplizierter und schneller lösen sich die Konflikte, wenn er erkennt, dass er selbst vielleicht das Problem ist, weil er ständig alle richtet, verurteilt, innerlich abkanzelt.

Lukas 23,39-43 beschreibt, wie Jesus gekreuzigt wird und zwei Verbrecher mit ihm. Der eine lästert, während der andere zu seiner Schuld steht. „Wir empfangen, was unsere Taten verdienen“: Mit diesen Worten übernimmt er die Verantwortung für sein Handeln. Das Paradies wird ihm aufgetan, er empfängt die sogenannte Schächergnade in allerletzter Minute.

Mancher äußert den Vorwurf, Glauben mache durch die Gebote zunächst ein schlechtes Gewissen, um dann zur Vergebung zu rufen. Fakt ist aber, dass die Menschen (und unsere Gesellschaft) krank und belastet sind durch Schuld und Übertretung. Und dass Jesus am Kreuz unsere Schuld getragen hat. Freiheit und Erneuerung ist dort, wo Schuld vergeben wurde.

Die humanistisch geprägte Psychologie versucht, schuldhaftes Verhalten zu erklären, zu rechtfertigen und zu entschuldigen. Doch so kommt der Mensch nicht zur wirklichen Freiheit, zur Erlösung und Erneuerung. Wirklich *ent*-schuldigen kann nur Jesus durch seinen Tod am Kreuz: Er lud auf sich unsere Strafe (Jesaja 53,4.5). Vergebung kann nur geschehen, wenn Schuld auch als Schuld bekannt wird.

Manchmal müssen wir die Lebensbeichte unserer Gäste kurz unterbrechen, wenn sie beim Beichten alles schon erklären und entschuldigen („Ich war aggressiv und habe meine Frau geschlagen. Das lag daran, dass in meiner Kindheit dieses und jenes passiert ist“). Dann sagen wir: „Wir wollen jetzt nicht psychologisieren, sondern beichten. Sag einfach, was du gemacht hast – ohne Erklärung, ohne Entschuldigung.“ Ja, das ist hart. Aber genauso hart und gnadenlos wurde Jesus für unsere Sünden bestraft.

„Wenn wir aber unsere Sünden bekennen, ist er treu und gerecht, dass er uns vergibt, und sein Blut reinigt uns von aller Ungerechtigkeit“ (1. Johannes 1,9).

Beichte ist dann kraftvoll, wenn sie Herzens- und Lebenshaltung ist und nicht religiöses Ritual. Das betrifft nicht nur die Schuld aus der Vergangenheit, sondern genauso das Verhalten im Alltag.

Stress und Konflikte im Straßenverkehr verlieren schnell an Spannung, wenn einer der Beteiligten denkt: „*Ich* war zu ungeduldig und aggressiv.“ Eine kleine Geste mit der Hand, ganz ohne Worte, und der Frieden ist wiederhergestellt.

Ehen bleiben stark und gesund, wenn jeder sich selbst richtet – und nicht immer wieder den anderen. „Es tut mir leid, *ich* war egoistisch, selbstsüchtig, faul usw. Bitte verzeih mir.“ Wer mit Radikalität, Entschlossenheit und einer gewissen Einseitigkeit so lebt, der schafft für sich und seine Umgebung (Familie, Gemeinde) gesunde und stabile Verhältnisse. So reinigt der Mensch sein schlechtes und belastetes Gewissen.

Wer das nicht tut, wird durch das schlechte Gewissen im Glauben Schiffbruch erleiden: „Das [gute Gewissen] haben einige von sich gestoßen und am Glauben Schiffbruch erlitten“ (1. Timotheus 1,19).

Auch wenn ein Auto frisch betankt ist: Mit Schmutz im Vergaser läuft der Motor nicht rund, er stottert und stirbt schließlich ab. Auch wenn unser Glaube und Gottes Liebe unserem Leben neue Kraft geben: Innerlich verschmutzt, können wir das in uns gelegte Potenzial nicht ausschöpfen.

Ein junger Gast in unserer Reha hatte sich bekehrt und einen guten Anfang mit Jesus gemacht. Eines Morgens kam er zu mir und erzählte, wie er im Traum einen Menschen erschlagen hatte, der ihn bestohlen hatte. Durch diesen Traum wurde er an etwas erinnert, was vor einigen Jahren passiert war. Er brachte diese Situation im Gebet zum Kreuz, wir beteten und reinigten so sein Inneres von Rachsucht und Aggression.

Wenn man die Zeugnisse in diesem Buch noch einmal unter dem Gesichtspunkt der Beichte durchliest, merkt man, dass jeder einmal an den Punkt gekommen ist, wo er einsah: Nicht der Rest der Welt (Eltern, Gesellschaft, Umstände etc.) ist schuld an meiner Talfahrt, sondern *ich* habe gesündigt, *ich* trage die Verantwortung für mein Handeln. Die Misere des Menschen begann, als Adam im Paradies Eva zum Sündenbock machte. Eva schob die Schuld auf die Schlange. So wurden die Menschen Flüchtige bis heute. In der Psychologie gibt es den Satz: Suchtverhalten ist Fluchtverhalten. Der Mensch, der zu seiner Schuld steht, fängt an Verantwortung zu übernehmen. Er empfängt wirkliche Vergebung. Damit hört die Flucht auf – und auch die Sucht ist besiegt. Das ist hier hundertfach erlebte und auch in diesem Buch bezeugte Realität – keine christliche Theorie.

Wer nicht beichtet, bleibt ein geistlicher
Wackel- und Rückfallkandidat!
Wer geistlich stabil werden will, muss beichten.

Selbstsucht oder Liebe?

Vor Kurzem fragten wir mal unsere derzeitige Reha-Gruppe im Wiedenhof, wie viele Jahre Gefängnis auf sie zusammen kämen. Es waren weit über zwanzig! Im Gefängnis sind Gewalt, Hass und Aggression total normal, genau wie im Überlebenskampf auf der Straße. Wie in einem Kraftraum oder Trainingslager wollen wir im Wiedenhof Gnade, Barmherzigkeit, Vergebung und Liebe trainieren. Dieser „Kraftraum" ist viel wichtiger als die Muckibude mit Hanteln und Gewichten! Das Einüben von Liebe, Vergebung und Barmherzigkeit ist überlebensnotwendig für unsere Gäste.

„Wir wissen, dass wir aus dem Tod in das Leben gekommen sind; denn wir lieben die Brüder. Wer nicht liebt, der bleibt im Tod" (1. Johannes 3,14).

Es geht um Leben und Tod: Wer nicht liebt, der bleibt in Tod und Sucht. Und wer liebt, der kommt zum Leben.

Vergebung

Liebe kommt zuallererst durch die Vergebung und die Versöhnung mit Gott in unser Leben. Dann muss sie geübt und trainiert werden. In Lukas 7,47 steht etwas über den Zusammenhang von Liebe und Vergebung: „Wem viel vergeben ist, der liebt viel. Wem aber wenig vergeben wird, der liebt wenig." Ein Mensch, der nicht Vergebung sucht und erlebt, bleibt in seiner (Selbst-) Sucht stecken, da er sich nicht dem anderen zuwendet, sondern sich weiter um sich selbst dreht.

In der Vergangenheit unserer Gäste ist oft viel Unrecht geschehen. Manche wurden schon in frühester Jugend innerlich schwer verletzt und zu emotionalen Krüppeln. Solche Verletzungen und ihre Verbitterung führten sie dann in die Betäubung durch Drogen und Alkohol. Der Ausweg daraus ist Vergebung – sonst bleibt der Teufelskreis.

„Vergib uns unsere Schuld, wie auch wir vergeben unseren Schuldigern." So hat uns Jesus gelehrt zu beten. In Matthäus 18,23-35 steht die Erzählung, wie jemandem eine riesige Schuld erlassen wird, weil er nicht bezahlen kann und um Gnade bittet. Kurze Zeit später fordert er aber gnadenlos eine viel kleinere Schuld von seinem Nächsten ein. Er wird den Peinigern übergeben, weil er nicht vergeben hat. Die Peiniger unserer Zeit heißen u. a. Sucht, Angst, Depression, Schwermut usw.

Hinter Bitterkeit steckt immer Verletzung und Schmerz. Bitterkeit signalisiert aber auch: Der Mensch ist noch nicht frei, er bleibt labil und gefährdet.

Vergebung und Versöhnung muss erbeten und trainiert werden. Das ist oft ein Kampf und jedenfalls ein Lernfeld. Aber wir sind fest überzeugt, dass es ein vollkommenes Heil gibt, ohne Reste von Bitterkeit. Das sagen wir bewusst nach dreißig Jahren Arbeit mit Menschen, die alle Art von schwerem Unrecht erlebt haben.

Barmherzigkeit

Es gibt kein besseres Trainingsfeld für Barmherzigkeit als das alltägliche Miteinander bei der Arbeit, mit dem Zimmernachbarn, in der Freizeit, beim Sport. Ständig ist man mit Unzulänglichkeiten, Nervereien und Schwachheit konfrontiert. Wenn es da mal gelingt zu lieben, statt auszuflippen, beleidigt zu sein oder den anderen runterzuputzen, dann scheint das eine geradezu sensationelle und heroische Leistung: Ich war gnädig! Gott aber begegnet uns jede Sekunde gnädig. Für ihn ist das nicht eine heroische Ausnahme, sondern so normal wie atmen, kaum erwähnenswert. *So* möchten wir lieben und vergeben lernen: einseitig, normal, wie atmen. Denn wer nicht liebt, bleibt im Tod. „In Demut achte einer den anderen höher als sich selbst“ (Philipper 2,3). Wer das trainiert und mit dieser festen Entschlossenheit in Gesellschaft und Gemeinde lebt, schaut nicht mehr herab auf andere (Christen, Konfessionen). Er ist aus dem Tod ins Leben gekommen.

Tätige Liebe macht den Glauben kraftvoll

Ein weiterer Aspekt der Liebe steht in 1. Korinther 13,5: „Die Liebe sucht nicht das Ihre.“ Die Liebe sucht den Nächsten. Sie dreht sich nicht mehr um sich selbst.

„Bin *ich* heilig genug? Herr, segne *mich*! Wie geht es *mir* gerade?“ Für die berühmte „Rund-um-mich-selbst-Kampfbahn“ gibt es keine Verheißung. Imke erzählt von der Therapie in Hongkong, was wir auch hier erleben: Die Drogenabhängigen lernen Jesus kennen und fangen an, sich um andere zu kümmern. Das tun sie nicht erst nach vielen Jahren, wenn sie einen gewissen Status an Perfektheit und Heiligkeit erreicht haben und in einem sozialmissionarischen Team sind, sondern schon nach kurzer Zeit in der Therapie. Viele Probleme erübrigen sich, wenn man anfängt, andere wichtiger zu nehmen als sich selbst. Das fängt klein an, z. B. damit, dass einer beim Mittagessen erst mal dem Tischnachbarn mit dem Gipsbein einen Salat holen geht, statt nur darauf bedacht zu sein, den eigenen Teller vollzuschaufeln, oder dass man einem neu aufgenommenen Gast alles erklärt und ihm hilft, sich zurechtzufinden.

In Hiob 42,10 heißt es: „Und der Herr wandte das Geschick Hiobs, als er für seine Freunde Fürbitte tat.“ Eine schwere Leidensgeschichte ging damit zu Ende; die Zeit der Hiobsbotschaften war vorbei. Im Beten für die Freunde drückt sich die Zuwendung zum Nächsten aus. Hiob hörte auf, sich nur mit sich selbst zu beschäftigen. Das ist übertragbar auf Familie und Gemeinde: Wer liebt, wendet sich nicht nur dem Freund zu, sondern auch einer hilfsbedürftigen, verlorenen Welt.

Er lässt sich von Gott seinen Platz zeigen, wo der Glaube tätig werden kann: Thomas unter den Straßenkindern in Manila. Heidi bei ihren Nachbarn und später in Wien bei den Drogenabhängigen. Imke, die ihr Zimmer mit kaputten, z. T. verwirrten Frauen teilte. Franz und Oliver im Wiedenhof. Kai in Ostdeutschland. Seinen Platz zu finden und eine Aufgabe zu haben, macht auch das eigene Leben reich und satt. Die Hiobsgeschichte endet damit, dass Hiob doppelt so viel besaß wie vorher. Er starb alt und lebenssatt (nicht lebensmüde).

Im Gegensatz zu dem, was Hollywood und Seifenopern vermitteln, ist Liebe weit mehr als ein Gefühl, das heute so und morgen so sein kann. Liebe hat viel mehr mit Taten zu tun – das macht den Glauben kraftvoll. Denn ohne Werke der Liebe ist der Glaube tot. Galater 5,6 sagt, dass nicht Religiosität Kraft hat, sondern der Glaube, der durch die Liebe tätig ist.

Darum achten wir auch darauf, dass in der Nachsorge soziale, diakonische, missionarische oder evangelistische Verantwortung gesucht wird – weil der, der liebt, sich nicht mehr um sich selbst dreht. Daraus haben sich großartige Dinge ergeben. Thomas ist einer von vielen Ehemaligen, die heute in selbstloser Liebe in einem weltmissionarischen Projekt verantwortlich sind, schon über Jahrzehnte.

Wer nicht liebt – d. h. wer in einem passiven und
selbstsüchtigen Glaubensstand lebt –,
der bleibt ein geistlicher Wackel- und Rückfallkandidat.
Wer geistlich stabil werden will, muss lieben.

Fach- und Szenebegriffe aus dem Bereich Sucht und Drogen

abdrehen: verrückt und realitätsfern werden, durchdrehen
Acid: LSD
Affe: Entzugserscheinungen (Schmerzen, Zittern, Übelkeit etc.)
an der Nadel hängen: abhängig sein vom Heroinspritzen
Asi: „asozial“, ungepflegtes Äußeres, entsprechender Mensch
breit sein: im Drogenrausch sein
Chemie, Chemo: chemisch hergestellte Drogen, wie z. B. Speed, Ecstasy, Crystal
Crystal: besonders im Osten verbreitetes Amphetamin; reiner, stärker und gefährlicher als Speed
Dealer: jemand, der Drogen verkauft
drauf sein: im Drogenrausch sein bzw. abhängig sein (von Heroin)
Drobs: Drogenberatungsstelle
Ecstasy: Aufputschmittel in Tablettenform mit leicht halluzinogener Wirkung
Freak: Aussteiger, jemand, der unangepasst und ausgeflippt lebt
Freier: Kunde einer Prostituierten
Glatze: Skinhead, Neonazi
Goa: Richtung der elektronischen Musik mit sphärischen und psychedelischen Elementen
Gras: Marihuana
Grufti: in den 80ern entstandene Subkultur mit düsterem Musik- und Kleidungsstil, Leute, die sich dieser Szene zugehörig fühlen und sich entsprechend kleiden
harte Drogen: Drogen, die schnell zu einer körperlichen oder psychischen Abhängigkeit führen, z. B. Heroin, Kokain, Speed (zu den „weichen“ Drogen zählen: Haschisch, Marihuana, Naturdrogen wie Pilze)
Joint: Haschischzigarette
Junkie: Heroinabhängiger

kiffen: Haschisch/Marihuana rauchen
Kiffer: Haschischraucher
Koks: Kokain
Love-Parade: seit 1989 jährlich veranstaltete Parade der Technoszene
LSD: synthetische Droge, die Halluzinationen erzeugt
Methadon: siehe „Substitution“
Raver: Anhänger der Technomusik- und -partyszene
Schuss: Spritze (Heroin, Opiate, Kokain)
sich die Birne zuknallen/zudröhnen: sich mit Drogen (oder Alkohol) betäuben
sniefen: Drogen durch die Nase ziehen
Speed: Aufputschmittel in Pulverform
Steckies: vom Heroin verengte Pupillen
Stoff: Droge
Strich (Straßenstrich): Prostitution (an der Straße)
Substitution: Behandlung Süchtiger mit legalen Ersatzdrogen, z. B. Methadon oder Polamidon, um Risiken beim Konsum zu senken und Beschaffungskriminalität zu vermeiden
Synanon: Suchthilfegemeinschaft mit zahlreichen Niederlassungen weltweit
Szene: Treffpunkt von Drogenabhängigen oder bestimmten Subkulturen
Techno: Stilrichtung in der elektronischen Musik und die dazugehörige Jugendkultur
Teile fressen: Ecstasy-Pillen schlucken
Trip: engl. „Reise“. LSD, aber auch andere halluzinogene Drogen, wie verschiedene Pilzarten
XTC: Ecstasy (siehe dort)

Kontakt

Leser, die Kontakt mit dem Wiedenhof aufnehmen wollen, können das gerne unter folgender Adresse tun:

Haus Wiedenhof
Bahnhofstr. 22, 58507 Lüdenscheid

Fon: +49 (0 23 51) 67 27 560, Fax: +49 (0 23 51) 67 27 56 20
e-Mail: wiedenhof@fcjg.de

Mehr Infos unter „drogenreha” auf unserer Website: www.fcjg.de